Illustrazione Grafica Extra: www.freepik.com
Grazie a Alekksall, Starline, Pch.vector, Rawpixel.com, Vectorpocket, Dgim-studio, Upklyak, Macrovector, Stockgiu, Pikisuperstar & Freepik.com Designers

Scoprire i Giochi Gratuiti Online

Disponibile Qui:

BestActivityBooks.com/FREEGAMES

5 CONSIGLI PER INIZIARE

1) COME RISOLVERE LE PAROLE INTRECCIATTE

I puzzle hanno un formato classico:

- Le parole sono nascoste senza spazi o trattini,...
- Orientamento: Le parole possono essere scritte in avanti, indietro, verso l'alto, verso il basso o in diagonale (possono essere invertite).
- Le parole possono sovrapporsi o intersecarsi.

2) APPRENDIMENTO ATTIVO

Accanto ad ogni parola c'è uno spazio per scrivere la traduzione. Per incoraggiare l'apprendimento attivo, un **DIZIONARIO** alla fine di questa edizione vi permetterà di controllare e ampliare le vostre conoscenze. Cerca e scrivi le traduzioni, trovale nel puzzle e aggiungile al tuo vocabolario!

3) SEGNARE LE PAROLE

Puoi inventare il tuo sistema di segni. Forse ne usi già uno? Per esempio, puoi segnare le parole difficili da trovare con una croce, le parole preferite con una stella, le parole nuove con un triangolo, le parole rare con un diamante, e così via.

4) STRUTTURARE L'APPRENDIMENTO

Questa edizione offre un **TACCUINO** alla fine del libro. In vacanza, in viaggio o a casa, puoi organizzare facilmente le tue nuove conoscenze senza bisogno di un secondo quaderno!

5) AVETE FINITO TUTTE LE GRIGLIE?

Nelle ultime pagine di questo libro, nella sezione della **SFIDA FINALE**, troverete un gioco gratuito!

Facile e veloce! Dai un'occhiata alla nostra collezione di libri di attività per il tuo prossimo momento di divertimento e **apprendimento,** a portata di clic!

Trova la tua prossima sfida su:

BestActivityBooks.com/MioProssimoLibro

Ai vostri posti, pronti...Via!

Sapevi che ci sono circa 7.000 lingue diverse nel mondo? Le parole sono preziose.

Amiamo le lingue e abbiamo lavorato duramente per creare libri di altissima qualità. I nostri ingredienti?

Una selezione di argomenti adatti all'apprendimento, tre buone porzioni di intrattenimento, una cucchiaiata di parole difficili e una spolverata di parole rare. Li serviamo con amore e entusiasmo in modo che tu possa risolvere i migliori giochi di parole e divertirti imparando!

La vostra opinione è essenziale. Puoi partecipare attivamente al successo di questo libro lasciandoci un commento. Ci piacerebbe sapere cosa ti è piaciuto di più di questa edizione.

Ecco un link veloce alla pagina dell'ordine:

BestBooksActivity.com/Recensione50

Grazie per il vostro aiuto e buon divertimento!

Tutta la squadra

1 - Scacchi

品	钓	技	黑	能	牺	猎	松	利	工	击	时	鱼	纫
法	技	摄	鱼	色	牲	棒	瓷	远	猎	间	摄	活
园	猎	女	瓷	拼	缝	阅	魔	球	摄	挑	瓷	图	图
冠	军	王	纫	营	绘	暇	击	潜	篮	战	播	放	器
规	则	魔	动	阅	瓷	利	松	潜	摄	略	球	针	足
法	拼	织	品	球	益	放	阅	潜	图	影	营	拼	阅
技	白	工	缝	跳	远	棒	工	远	织	比	陶	击	摄
戏	游	色	阅	球	纫	工	摄	织	鱼	赛	画	动	钓
乐	艺	戏	瓷	放	鱼	钓	棒	击	露	利	画	乐
跳	对	手	猎	画	活	摄	跳	狩	舞	远	艺	动
纫	角	跳	画	点	活	利	工	纫	球	艺	露	钓
工	线	棒	远	鱼	跳	绘	棒	艺	游	影	读	动
球	聪	明	动	狩	技	能	益	技	击	读	针	被	动
纫	趣	术	狩	乐	游	放	读	动	足	足	益	远	棒

对手
白色
冠军
比赛
对角线
播放器
游戏
聪明

黑色
被动
女王
规则
牺牲
挑战
战略
时间

2 - Strumenti

订	书	机	松	针	针	棒	跳	篮	戏	猎	松	艺	缝
电	拼	篮	能	织	足	术	益	乐	暇	戏	球	乐	纫
缆	乐	纫	益	摄	松	拼	益	球	钳	子	趣	魔	缝
读	动	摄	法	戏	益	图	铲	拳	瓷	营	足	利	园
陶	篮	画	鱼	园	游	工	术	纫	趣	鱼	狩	暇	图
乐	陶	阅	术	动	益	营	槌	读	远	游	火	棒	远
露	剪	影	拳	法	读	游	绳	猎	工	魔	炬	技	陶
剃	刀	胶	品	影	猎	狩	锤	子	球	球	猎	远	艺
纫	放	水	车	露	梯	能	猎	舞	远	击	鱼	足	影
戏	足	击	轮	舞	法	子	球	戏	球	潜	击	足	品
轴	螺	丝	缝	潜	法	游	乐	营	艺	纫	拳	篮	放
魔	园	绘	瓷	工	法	篮	益	棒	艺	刀	钓	纫	纫
乐	跳	技	活	乐	织	足	跳	针	画	游	能	能	篮
阅	棒	陶	绘	拼	统	治	者	足	影	织	棒	潜	纫

电缆	剃刀
胶水	统治者
绳子	车轮
订书机	梯子
剪刀	火炬
锤子	螺丝
钳子	

拼	钓	描	术	戏	露	益	活	球	工	舞	跳	缝	远
缝	跳	述	拼	活	绘	棒	露	拳	远	艺	阅	新	棒
健	康	性	营	远	舞	钓	足	魔	缝	饿	瓷	的	露
甜	蜜	的	瓷	击	强	园	陶	营	狩	品	阅	篮	乐
摄	乐	露	舞	篮	技	潜	拳	品	工	正	趣	足	陶
艺	利	骄	干	潜	瓷	纯	缝	图	松	宗	正	常	阅
猎	拼	戏	傲	著	拼	舞	狩	球	暇	创	魔	术	鱼
利	魔	工	戏	名	游	动	瓷	戏	猎	狩	意	绘	影
优	雅	负	剧	的	潜	猎	松	术	艺	拼	营	鱼	狩
活	品	责	性	咸	篮	跳	拳	放	法	阅	针	营	织
趣	鱼	利	篮	摄	动	工	拳	活	魔	戏	利	品	缝
图	棒	球	足	舞	生	产	力	鱼	利	游	自	有	趣
暇	钓	鱼	画	篮	远	游	画	画	篮	营	然	拳
放	击	技	游	工	绘	工	钓	术	读	松	松	利	游

正宗	自然
创意	正常
描述性的	新的
甜蜜的	骄傲
戏剧性	生产力
优雅	负责
著名的	健康
有趣	

4 - Pesca

远	暇	潜	技	松	营	潜	拳	棒	读	技	活	艺	益
放	钩	陶	颚	营	绘	动	鱼	暇	露	趣	乐	阅	夸
技	露	猎	术	远	技	益	耐	心	击	游	魔	棒	张
工	船	鳃	乐	纫	跳	戏	球	诱	趣	织	法	篮	子
画	法	乐	活	园	瓷	能	趣	饵	陶	拼	游	技	鳍
狩	工	拳	活	影	陶	画	棒	利	季	水	河	露	棒
篮	能	击	益	放	能	击	画	利	节	品	陶	艺	园
利	狩	绘	设	备	舞	潜	松	术	摄	钓	露	海	放
魔	术	品	拼	技	陶	画	工	魔	趣	阅	艺	洋	滩
足	拼	瓷	缝	瓷	陶	术	拼	游	击	趣	摄	钓	绘
足	球	乐	跳	戏	阅	纫	舞	重	量	篮	棒	拼	园
放	远	影	击	趣	趣	阅	舞	舞	绘	棒	潜	放	魔
狩	猎	暇	法	舞	摄	针	戏	读	趣	魔	远	狩	潜
远	工	放	舞	工	纫	远	法	露	园	远	湖	潜	术

设备   心

设备
篮子
夸张
诱饵
海洋

心
量
滩
节
耐
重
海
季

5 - Aggettivi #1

长 重 球 慷 露 异 益 足 艺 营 法 舞 篮 击
魔 要 球 慨 击 球 国 露 利 舞 松 营 击 园
拼 的 读 重 游 缝 织 情 技 纫 活 舞 球 年
狩 绝 品 益 松 钓 鱼 游 调 足 绘 活 法 轻
图 对 现 代 松 薄 游 益 活 魔 摄 画 放 影
远 狩 能 鱼 园 艺 画 图 鱼 阅 芳 香 舞 读
营 慢 艺 读 法 艺 纫 艺 篮 利 魔 拳 缝 击
拳 画 狩 针 园 舞 益 织 园 露 纫 画 法 球
陶 阅 拼 戏 园 深 远 相 拳 阅 完 有 雄 心
画 阅 暇 狩 缝 益 纫 同 跳 纫 美 利 营 游
足 摄 舞 鱼 篮 魔 松 诚 实 游 放 有 陶 球
巨 击 影 球 露 舞 放 钓 趣 织 动 价 鱼 潜
大 趣 击 拳 益 活 趣 工 鱼 利 暇 值 鱼 绘
的 魔 魔 益 狩 缝 画 图 拳 艺 术 的 暇 缝

有雄心	年轻
芳香	相同
艺术的	重要的
绝对	现代
巨大的	诚实
异国情调	完美
慷慨	有价值的

6 - Geologia

绘	露	拳	击	化	珊	戏	法	潜	戏	纫	间	石	活
魔	熔	陶	松	石	舞	瑚	击	利	钓	篮	歇	头	能
洞	岩	摄	图	读	笋	棒	缝	钟	乳	石	泉	陶	球
穴	园	钓	跳	足	活	钓	陶	矿	石	英	侵	蚀	读
大	陆	画	法	拳	活	活	绘	物	石	击	高	原	松
松	纫	纫	游	击	阅	乐	缝	球	狩	远	趣	纫	品
品	术	猎	钓	放	瓷	针	活	游	活	露	乐	益	织
钓	篮	戏	篮	读	击	瓷	击	戏	乐	远	魔	画	画
陶	能	地	震	松	营	松	狩	缝	工	影	远	球	术
远	松	法	缝	钓	远	戏	品	绘	潜	陶	猎	水	篮
能	露	跳	摄	松	棒	鱼	法	术	球	益	酸	晶	鱼
潜	能	营	拼	陶	园	击	动	能	乐	足	针	暇	利
活	钓	利	动	盐	火	山	瓷	狩	工	篮	远	摄
绘	能	益	层	拼	远	织	能	瓷	绘	钓	织	舞	钙

高原　　　　　熔岩
洞穴　　　　　矿物
大陆　　　　　石头
珊瑚　　　　　石英
水晶　　　　　石笋
侵蚀　　　　　钟乳石
化石　　　　　地震
间歇泉　　　　火山

7 - Campeggio

跳 陶 远 陶 品 露 狩 游 大 拳 图 潜 影 读
舞 拼 暇 缝 鱼 狩 猎 魔 自 露 乐 帐 篷 技
技 法 跳 缝 读 篮 陶 冒 然 动 趣 技 术 松
舞 画 球 松 钓 技 绘 险 园 物 戏 跳 能 园
品 拳 营 工 园 暇 露 鱼 画 露 营 影 足 绘
艺 园 针 瓷 品 工 纫 舞 利 艺 戏 棒 鱼 拳
阅 营 钓 术 潜 法 狩 钓 阅 摄 乐 影 松 乐
昆 舞 品 魔 戏 益 拼 图 钓 术 独 品 树 活
读 虫 月 暇 湖 吊 床 拳 法 篮 木 技 利 木
钓 火 陶 亮 法 魔 纫 跳 乐 纫 舟 品 球 影
能 暇 绘 足 山 舱 品 活 鱼 乐 活 织 摄 鱼
森 林 暇 跳 露 能 鱼 罗 盘 动 益 阅 松 松
舞 猎 图 地 图 陶 阅 足 远 帽 拼 影 暇 缝
乐 活 图 针 狩 远 篮 戏 绳 子 戏 技 拳 趣

树木　　　　　　　　　　绳子
吊床　　　　　　　　　　乐趣
动物　　　　　　　　　　森林
冒险　　　　　　　　　　昆虫
罗盘　　　　　　　　　　月亮
狩猎　　　　　　　　　　地图
独木舟　　　　　　　　　大自然
帽子　　　　　　　　　　帐篷

8 - Arti Visive

画	活	画	缝	足	戏	纫	棒	品	阅	建	魔	工	钓
远	画	纫	针	远	影	远	看	术	放	绘	筑	乐	利
艺	术	家	画	术	织	园	法	杰	能	肖	像	照	蜡
品	品	魔	架	狩	放	松	篮	艺	作	猎	瓷	片	工
利	图	读	图	读	图	跳	织	园	利	摄	摄	球	游
工	纫	织	拳	狩	织	技	暇	动	活	法	活	放	暇
绘	乐	趣	露	钓	暇	球	品	动	能	棒	读	图	活
绘	画	活	针	画	画	摄	陶	影	铅	击	织	舞	动
趣	戏	球	趣	阅	艺	读	模	粉	笔	拳	图	球	拼
粘	土	放	绘	狩	利	狩	具	击	松	影	露	趣	松
技	暇	摄	益	拳	利	趣	棒	摄	品	益	动	摄	跳
潜	魔	园	木	炭	雕	塑	阅	品	陶	缝	潜	陶	足
图	动	舞	跳	读	乐	跳	术	品	猎	器	术	织	电
益	营	戏	创	造	力	跳	园	戏	纫	远	魔	远	影

建筑
粘土
艺术家
杰作
木炭
画架
陶器
创造力
电影

照片
粉笔
铅笔
绘画
看法
肖像
雕塑
模具

9 - Ginnastica

动	纫	趣	针	击	游	能	箍	放	拳	艺	品	粉	动
潜	潜	戏	影	绘	拳	远	能	拳	技	暇	瓷	笔	技
球	摄	篮	能	营	游	法	狩	拳	松	法	官	组	纫
针	缝	读	针	篮	利	戏	球	读	趣	术	击	合	读
猎	手	足	潜	猎	摄	园	跳	园	法	影	教	营	拼
篮	球	音	乐	棒	术	趣	拼	露	舞	暇	品	练	松
钓	棒	球	绘	绘	摄	狩	跳	动	团	影	跳	织	阅
敏	戏	艺	松	趣	摄	暇	球	品	队	趣	松	活	暇
捷	体	育	馆	猎	动	陶	潜	纫	松	鱼	舞	摄	松
魔	操	拼	松	趣	读	品	益	动	跳	营	读	益	跳
摄	运	暇	棒	利	乐	潜	游	摄	个	画	瓷	球	露
艺	动	画	游	跳	力	钓	能	篮	游	人	瓷	法	趣
瓷	员	棒	拳	松	量	放	分	读	乐	图	游	营	舞
针	影	瓷	常	规	利	工	游	数	篮	潜	舞	猎	松

敏捷
教练
组合
力量
粉笔
体操运动员
法官

个人
音乐
体育馆
分数
常规
团队

10 - Esplorazione

钓	勇	工	球	游	法	篮	潜	暇	发	工	乐	舞	篮
拼	气	猎	拳	潜	益	乐	读	活	棒	现	狩	放	狩
舞	陶	利	品	狩	暇	寻	术	动	足	球	法	陶	舞
狩	游	足	工	织	工	求	品	放	击	鱼	纫	阅	球
画	猎	品	术	瓷	危	险	的	乐	戏	暇	松	决	心
图	品	瓷	放	影	害	潜	动	物	游	戏	戏	利	画
品	摄	阅	陶	暇	游	松	跳	潜	猎	击	戏	阅	游
地	缝	陶	图	织	缝	棒	纫	阅	影	摄	旅	行	品
形	活	文	化	读	魔	跳	暇	图	拳	利	工	读	潜
图	营	狩	能	术	陶	魔	空	荒	狩	阅	术	利	织
未	知	技	球	画	纫	新	的	间	野	精	魔	魔	松
织	潜	瓷	篮	暇	绘	鱼	活	魔	狩	疲	动	棒	摄
绘	纫	猎	影	陶	拳	活	阅	舞	钓	力	棒	园	影
语	言	鱼	图	游	球	棒	针	棒	足	竭	游	潜	摄

动物
活动
勇气
文化
决心
精疲力竭
语言
新的
危害

危险的
寻求
未知
发现
荒野
空间
地形
旅行

11 - Tempo

钓	益	晚	拳	猎	分	营	织	读	能	后	益	技	足
松	舞	上	周	时	钟	早	棒	拼	鱼	图	品	图	击
放	猎	舞	魔	钓	陶	棒	晨	影	能	松	技	益	针
篮	动	乐	绘	工	游	松	小	能	画	篮	缝	暇	能
绘	摄	击	动	远	松	摄	时	工	很	绘	技	舞	针
品	击	摄	瓷	活	拼	活	每	年	快	篮	园	戏	能
露	图	绘	球	篮	工	品	织	中	午	利	活	猎	绘
戏	趣	纫	益	营	能	远	日	历	狩	跳	利	瓷	击
戏	跳	放	画	世	游	缝	画	法	鱼	读	球	足	缝
能	趣	以	月	纪	活	猎	狩	缝	益	缝	益	戏	针
跳	鱼	前	篮	陶	潜	篮	趣	乐	摄	摄	未	影	放
日	猎	摄	跳	乐	针	能	园	绘	放	织	来	昨	今
趣	舞	跳	远	击	技	乐	拼	跳	术	棒	戏	十	天
狩	动	能	暇	绘	园	营	游	松	舞	鱼	球	年	影

每年　日历　十年　未来　昨天　早晨　中午　分钟

晚上　今天　小时　时钟　很快　以前　世纪

12 - Astronomia

月	趣	望	松	陶	猎	术	瓷	阅	棒	艺	放	天	宇
摄	亮	远	棒	松	辐	足	摄	足	图	营	游	文	宙
魔	缝	镜	棒	舞	射	棒	术	狩	舞	超	跳	学	拼
小	行	星	放	趣	天	文	台	星	座	新	艺	家	篮
图	鱼	工	图	松	黄	猎	益	活	松	星	春	能	艺
星	云	技	火	跳	道	钓	技	跳	拳	法	分	利	艺
缝	戏	松	绘	箭	带	跳	魔	魔	棒	法	舞	利	瓷
益	拳	陶	陶	织	拼	天	球	拼	技	暇	动	露	露
露	拼	艺	狩	潜	阅	空	舞	钓	活	宇	工	猎	暇
画	暇	鱼	棒	法	暇	绘	益	露	猎	航	钓	艺	放
阅	戏	影	读	园	园	游	读	暇	工	员	能	狩	魔
法	魔	跳	术	益	技	图	影	棒	跳	拼	流	星	系
地	松	园	活	织	重	影	行	星	活	拼	益	潜	乐
戏	球	益	摄	暇	力	图	技	瓷	松	营	足	利	法

小行星	星云
宇航员	天文台
天文学家	行星
天空	辐射
星座	火箭
春分	超新星
星系	望远镜
重力	地球
月亮	宇宙
流星	黄道带

13 - Circo

跳	暇	游	画	松	瓷	益	益	瓷	远	益	潜	诡	潜
绘	陶	行	露	技	活	营	绘	拳	缝	老	虎	计	暇
术	动	球	音	乐	帐	篷	针	糖	果	瓷	拳	球	拼
拳	园	物	园	魔	足	阅	篮	艺	露	陶	大	象	魔
篮	园	画	露	拳	远	益	画	趣	潜	棒	纫	足	瓷
魔	绘	壮	观	票	图	影	趣	远	潜	暇	法	益	猎
瓷	法	图	暇	众	舞	狩	工	拼	拳	潜	露	动	织
球	技	拳	工	图	猎	游	图	露	魔	拳	猎	纫	活
狮	园	猴	魔	读	陶	动	利	术	跳	篮	鱼	技	钓
子	跳	子	魔	园	篮	纫	园	陶	营	松	缝	图	跳
园	陶	鱼	放	远	影	放	瓷	利	狩	纫	品	钓	球
活	影	摄	读	棒	阅	园	织	气	球	小	丑	舞	放
狩	瓷	图	趣	戏	读	钓	魔	杂	技	演	员	纫	法
缝	篮	魔	术	师	服	装	艺	耍	工	能	远	魔	读

杂技演员 音乐
动物 气球
糖果 游行子观
小丑 猴壮众
服装 观帐篷虎
大象 老诡计
杂耍
狮子法
魔术师

14 - Mitologia

远	法	舞	织	潜	读	传	闪	电	灾	迷	阅	游	法
猎	法	缝	远	活	放	缝	说	跳	难	乐	宫	摄	品
趣	营	活	戏	益	动	狩	图	瓷	潜	针	摄	技	放
原	型	阅	足	图	鱼	文	化	图	工	钓	跳	纫	法
技	力	量	动	远	凡	人	利	远	露	篮	嫉	妒	趣
拼	舞	击	雷	复	仇	鱼	法	篮	动	击	拳	针	艺
英	雄	绘	拳	篮	拳	画	园	猎	瓷	拳	拳	乐	拳
织	鱼	暇	织	利	图	击	足	营	露	缝	篮	乐	缝
针	技	松	舞	阅	缝	舞	动	鱼	画	球	营	放	陶
拳	篮	潜	图	钓	游	暇	怪	活	动	针	乐	游	狩
战	士	拼	魔	艺	活	生	物	动	园	缝	能	绘	足
读	行	钓	拼	创	造	读	益	潜	信	仰	球	画	远
篮	为	术	利	工	露	陶	图	狩	戏	针	纫	园	摄
针	利	法	拳	放	神	奇	益	棒	松	击	不	朽	钓

原型
行为
生物
创造
信仰
文化
灾难
英雄
力量
闪电

嫉妒
战士
不朽
迷宫
传说
神奇
凡人
怪物
复仇

15 - Piante

露	露	浆	品	织	园	游	益	潜	狩	植	被	游	放
钓	钓	针	果	仙	钓	影	猎	针	园	阅	物	肥	料
松	草	狩	利	人	游	球	能	图	利	戏	活	瓷	鱼
动	植	篮	拼	掌	利	猎	陶	瓷	画	摄	戏	放	露
鱼	物	益	艺	趣	纫	钓	球	织	艺	竹	叶	读	松
图	学	乐	棒	绘	织	画	活	阅	花	狩	子	艺	魔
舞	园	松	技	钓	戏	远	放	工	园	织	影	足	活
暇	阅	常	露	摄	露	陶	趣	瓷	园	艺	潜	松	暇
花	瓣	春	法	趣	潜	画	摄	狩	豆	放	舞	能
棒	苔	藤	森	潜	活	影	艺	利	摄	营	戏	棒
营	藓	放	林	法	益	树	灌	木	趣	游	魔	猎	球
艺	松	露	根	树	叶	读	放	拼	放	画	术	鱼	针
游	游	能	艺	摄	露	暇	魔	图	阅	技	篮	暇	影
织	棒	织	工	拳	瓷	猎	足	园	图	瓷	拳	游	能

浆果	植物
竹子	树叶
植物学	森林
仙人掌	花园
灌木	苔藓
常春藤	花瓣
肥料	植被

益 缝 品 远 辣 棒 读 技 苦 画 戏 狩 茴 香
味 道 肉 桂 艺 动 戏 球 技 图 松 趣 织 品
游 利 豆 阅 粉 法 绘 狩 孜 针 松 品 园 术
戏 足 蔻 篮 钓 舞 露 露 能 然 园 品 园 松
跳 法 技 术 远 画 远 戏 陶 甜 艺 园 动 舞
画 趣 棒 鱼 击 击 益 拳 狩 蜜 猎 活 术 纫
纫 陶 能 缝 技 织 织 猎 艺 的 图 图 品 趣
工 暇 藏 红 花 狩 远 胡 露 品 甘 草 纫 工
盐 绘 品 缝 术 远 大 蒜 椒 露 草 纫 品 豆
技 能 瓷 松 洋 钓 益 姜 咖 甘 放 篮 技 蔻
狩 足 织 舞 葱 画 陶 黄 喱 园 针 活 营 术
术 潜 露 艺 绘 图 活 拳 品 园 织 活 露 营
能 松 动 棒 营 露 园 工 读 菜 利 缝 园 读
击 钓 松 品 益 织 纫 营 香 能 舞 露 影 图
　 　 　 　 　 　 　 拳 能 露 图 读

大蒜
肉桂
豆蔻
洋葱
香菜
孜然
姜黄
咖喱
甜蜜的

茴香
味道
甘草
肉豆蔻
辣椒粉
胡椒
香草
藏红花

17 - Numeri

品	技	六	影	动	球	活	松	陶	潜	纫	十	进	制
缝	拼	缝	舞	阅	露	法	潜	缝	三	趣	九	跳	鱼
品	乐	狩	绘	跳	画	图	零	二	活	织	乐	术	狩
术	鱼	术	纫	魔	猎	利	放	活	十	三	十	六	营
篮	艺	狩	拳	狩	暇	读	四	游	二	松	四	暇	活
篮	拼	潜	拼	足	技	跳	利	击	远	品	纫	益	足
十	五	织	跳	阅	暇	猎	鱼	针	钓	瓷	图	钓	十
八	跳	鱼	跳	舞	游	舞	能	狩	足	拳	摄	术	艺
艺	画	舞	足	露	读	放	足	拳	摄	球	五	园	动
缝	猎	鱼	画	图	十	七	绘	戏	益	品	摄	活	跳
图	工	远	益	营	利	术	园	画	远	纫	动	陶	跳
狩	拳	棒	二	鱼	趣	游	球	鱼	益	织	工	缝	鱼
动	画	阅	潜	潜	九	跳	艺	足	摄	益	球	术	跳
动	活	织	针	画	舞	织	魔	跳	足	绘	球	拳	读

十进制
十九
十七
十八
十二

十四
十五
十六
十三
二十

图	异	甜	椰	花	生	放	卡	糖	足	利	利	能	益
动	国	蜜	术	子	活	远	路	趣	猎	篮	利	暇	瓷
术	情	的	读	品	松	香	里	味	利	缝	工	营	乐
乐	调	缝	焦	糖	营	工	气	道	益	露	织	魔	游
游	拳	动	阅	果	艺	松	纫	抗	氧	影	图	游	钓
放	活	阅	品	松	能	球	松	氧	食	谱	拳	钓	法
远	缝	钓	乐	拳	读	摄	狩	影	球	益	艺	法	松
陶	美	品	画	猎	击	摄	游	化	狩	足	棒	松	工
狩	味	拳	趣	瓷	艺	阅	魔	剂	阅	图	球	篮	缝
能	陶	拳	钓	陶	狩	远	远	阅	图	影	游	魔	篮
图	图	阅	击	渴	针	术	可	陶	术	摄	松	苦	游
质	量	游	成	织	望	可	跳	远	纫	猎	鱼	趣	趣
瓷	魔	园	分	戏	舞	击	技	术	舞	露	技	园	
球	最	喜	欢	的	绘	乐	活	读	织	摄	鱼	鱼	园

抗氧化剂	甜蜜的
花生	异国情调
香气	味道
渴望	成分
可可	椰子
卡路里	最喜欢的
糖果	质量
焦糖	食谱
美味	

19 - Guida

动	画	警	针	趣	露	行	影	图	能	猎	缝	放	魔
篮	魔	足	察	总	安	人	钓	乐	篮	燃	料	拼	缝
针	绘	暇	拼	陶	线	全	摩	托	车	气	体	露	戏
园	织	猎	隧	道	击	艺	乐	钓	园	术	跳	艺	绘
鱼	棒	纫	艺	拼	纫	图	绘	放	技	图	跳	乐	暇
击	跳	织	陶	松	绘	活	远	猎	狩	活	技	摄	术
图	舞	织	露	织	狩	益	棒	趣	路	利	纫	术	猎
暇	绘	暇	缝	汽	舞	远	地	图	趣	拼	露	技	缝
益	摄	绘	刹	车	篮	魔	益	工	能	舞	纫	马	术
法	足	乐	阅	库	游	营	交	通	绘	露	达	游	
棒	艺	速	度	魔	缝	棒	摄	纫	暇	拳	舞	趣	狩
图	运	输	影	术	技	魔	狩	危	险	舞	游	击	拼
画	乐	活	艺	艺	事	暇	营	摄	摄	魔	松	法	绘
益	动	工	乐	能	故	远	狩	游	执	照	影	钓	艺

汽车
总线
燃料
刹车
车库
气体
事故
执照
地图
摩托车

马达
行人
危险
警察
安全
交通
运输
隧道
速度

20 - Sport

曲	棍	球	团	摄	优	益	体	益	读	图	缝	篮	摄
潜	品	纫	队	营	胜	趣	陶	操	球	图	法	乐	足
纫	播	舞	图	戏	者	影	术	动	工	篮	棒	织	足
松	击	放	画	网	放	舞	瓷	狩	品	拳	织	魔	活
游	戏	球	器	球	艺	游	图	工	艺	绘	魔	猎	棒
露	自	工	冠	军	术	球	工	技	体	能	拼	趣	球
潜	行	阅	魔	技	露	瓷	陶	远	图	育	画	艺	织
利	车	足	图	图	运	动	猎	针	影	足	馆	潜	缝
足	拳	拳	阅	技	动	图	能	营	篮	游	法	暇	园
织	纫	暇	营	陶	员	高	尔	夫	球	教	练	裁	判
艺	摄	纫	针	击	狩	篮	趣	缝	品	舞	放	猎	鱼
园	拼	舞	足	体	育	场	绘	术	足	游	猎	织	乐
戏	影	击	瓷	术	棒	跳	园	足	针	放	跳	足	狩
摄	动	露	露	法	乐	园	棒	游	跳	乐	游	针	篮

教练	游戏
裁判	高尔夫球
运动员	曲棍球
棒球	运动
篮球	体育馆
自行车	团队
冠军	体育场
体操	网球
播放器	优胜者

21 - Giocattoli

拼营球瓷飞园阅营工艺品品钓影
书戏影工松机钓游球趣营陶营露
籍油术术乐器球汽车狩拼技园园
游漆绘钓舞人缝瓷法鱼缝拼潜船
画风营魔露潜利足技能舞戏自篮
露筝游陶乐舞露织篮露鱼卡行术
篮远戏放猎篮潜工读拼能火车猎
瓷暇鼓击狩绉趣拳远潜织陶击乐
想象力品黏土瓷品球暇松能乐放
阅艺品园摄暇足阅工绘益法拳影
拼技钓技潜娃阅鱼利技狩瓷钓绉
技舞鱼棒活娃放狩缝绉跳魔露织
击戏远绘法陶钓魔暇营鱼棋篮术
最喜欢的篮暇戏远缝跳狩拼法暇

飞机　　　　　　游戏
风筝　　　　　　想象力
黏土　　　　　　书籍
工艺品　　　　　最喜欢的
汽车　　　　　　机器人
娃娃　　　　　　火车
自行车　　　　　油漆
卡车

22 - Uccelli

游 麻 雀 暇 狩 针 利 球 舞 影 鸥 远 法 趣
巨 嘴 鸟 纫 能 棒 法 品 织 露 猎 跳 暇 乐
杜 纫 猎 猎 织 钓 拳 活 跳 火 益 狩 钓 阅
猎 鹃 远 营 品 术 狩 棒 鹈 烈 绘 纫 魔 游
猫 头 鹰 影 动 游 益 鹕 鸟 篮 营 法 鱼
钓 击 趣 图 潜 露 篮 图 鹕 蛋 影 艺 瓷 戏
摄 艺 魔 跳 陶 园 跳 动 鱼 拳 绘 园 工 缝
鸵 针 拳 鸡 法 营 瓷 棒 园 潜 纫 读 乐 陶
鸟 瓷 篮 拼 乐 拳 瓷 猎 击 动 读 钓 技
松 足 钓 篮 天 动 拼 鸭 猎 能 游 暇 企 读
读 法 动 鹦 鹅 舞 技 摄 猎 松 绘 潜 鹅 跳
鱼 足 拼 鹉 潜 艺 品 利 松 读 鸽 跳 戏 鱼
足 绘 术 营 阅 苍 球 放 画 潜 钓 针 拳
棒 益 乐 跳 纫 针 鹭 织 潜 雀 拼 能 画 陶

苍鹭   孔雀
天鹅   鹈鹕
杜鹃   鸽子
火烈鸟   企鹅
猫头鹰   鸵鸟
鹦鹉   巨嘴鸟
麻雀

23 - Giorni e Mesi

钓	针	摄	乐	瓷	织	摄	乐	篮	能	暇	图	利	舞
织	八	六	画	游	活	击	拼	击	跳	猎	猎	游	跳
摄	九	月	篮	球	摄	击	趣	影	技	星	期	六	舞
拳	影	足	艺	游	拳	舞	技	星	期	二	月	品	图
工	能	露	读	利	摄	潜	七	四	陶	阅	动	露	营
星	舞	足	篮	棒	十	拼	阅	月	足	术	技	陶	周
期	摄	活	星	期	一	魔	击	篮	能	阅	阅	松	狩
五	舞	阅	期	艺	月	远	法	跳	魔	潜	潜	画	棒
缝	品	棒	三	利	潜	钓	狩	戏	暇	暇	戏	能	露
游	露	舞	益	趣	工	猎	活	鱼	图	能	暇	舞	摄
狩	织	舞	足	棒	鱼	跳	缝	能	乐	画	篮	乐	远
利	戏	星	期	日	十	年	术	球	能	瓷	露	织	潜
营	足	十	术	历	二	一	跳	棒	法	暇	动	球	缝
乐	潜	月	技	游	月	月	工	利	影	能	暇	舞	摄

八月	星期一
四月	星期二
日历	星期三
十二月	十一月
星期日	十月
二月	星期六
一月	九月
六月	星期五
七月	

24 - Casa

龙	头	屋	纫	乐	魔	图	绘	纫	瓷	工	猎	灯	针
图	品	顶	鱼	营	益	陶	棒	纫	拳	品	魔	放	纫
篮	拼	潜	缝	陶	天	潜	能	栅	拳	画	篮	潜	读
营	营	魔	园	利	花	园	阅	栏	阅	益	营	技	戏
猎	读	纫	猎	拼	板	工	营	纫	绘	营	地	暇	摄
壁	炉	扫	帚	动	画	淋	动	活	工	法	板	法	工
鱼	游	足	车	库	足	动	浴	狩	暇	镜	子	法	针
技	动	狩	能	狩	影	营	戏	影	跳	纫	魔	瓷	针
趣	墙	钓	织	图	暇	放	猎	图	绘	跳	拳	拳	露
瓷	窗	户	门	书	狩	针	狩	园	趣	法	足	读	露
织	读	趣	拳	馆	拳	阅	魔	足	拼	乐	工	纫	图
工	绘	术	读	工	地	松	戏	能	利	球	房	远	暇
图	能	钓	术	品	厨	毯	击	松	读	影	间	松	放
能	纫	益	击	动	房	技	阁	楼	游	远	球	戏	图

阁楼		地板
图书馆		栅栏
房间		龙头
壁炉		扫帚
厨房		天花板
淋浴户		镜子
窗库		地毯
车库		屋顶
花园		

25 - Ristorante #1

保	食	猎	趣	潜	读	游	戏	陶	动	游	术	远	利
留	物	绘	阅	棒	图	暇	厨	房	读	碗	酱	影	瓷
织	织	绘	狩	趣	女	摄	缝	潜	工	放	技	舞	图
技	跳	缝	足	辣	服	钓	狩	技	能	乐	活	能	摄
瓷	击	艺	品	击	务	远	远	法	技	品	球	陶	乐
陶	图	暇	菜	瓷	员	球	魔	露	肉	面	包	瓷	阅
读	刀	咖	啡	单	魔	瓷	远	鱼	足	缝	鱼	能	织
阅	松	法	影	乐	技	艺	益	暇	拼	术	拼	过	敏
戏	图	阅	工	拼	盘	子	远	读	阅	暇	纫	织	猎
鱼	趣	露	趣	营	击	远	画	远	益	猎	术	绘	出
陶	术	戏	放	陶	绘	益	技	露	舞	利	乐	工	纳
甜	点	拼	织	法	工	潜	球	戏	艺	足	击	松	员
魔	狩	法	篮	园	足	术	园	能	摄	鸡	摄	针	针
拳	猎	餐	巾	鱼	动	绘	舞	针	趣	活	拳	园	游

过敏
咖啡
女服务员
出纳员
食物
厨房

甜点
菜单
面包子
盘子
保留巾
餐巾

26 - Fantascienza

影	能	反	机	器	人	品	工	暇	虚	放	织	击	克
书	魔	乌	法	纫	潜	艺	松	瓷	构	缝	拼	缝	隆
舞	籍	托	织	乐	瓷	织	球	品	的	瓷	狩	舞	篮
营	园	邦	魔	放	神	益	趣	暇	潜	球	跳	电	阅
拳	绘	棒	甲	乐	拳	秘	错	露	拳	钓	艺	影	鱼
火	未	球	骨	场	景	读	觉	乌	技	球	法	魔	猎
鱼	击	来	文	狩	猎	鱼	露	托	爆	炸	针	舞	园
钓	读	瓷	派	乐	纫	极	端	邦	放	影	行	魔	魔
陶	钓	原	子	技	拳	工	品	工	营	拼	星	艺	摄
拼	能	球	艺	瓷	读	拳	纫	世	园	阅	系	暇	益
益	趣	纫	钓	工	法	针	艺	界	瓷	远	猎	益	游
绘	园	技	舞	游	跳	猎	戏	影	乐	狩	技	技	击
魔	营	纫	纫	跳	纫	摄	缝	利	园	园	拳	术	活
绘	舞	活	暇	足	织	织	术	画	益	瓷	摄	露	魔

原子
电影
克隆
反乌托邦
爆炸
极端
未来派
星系
错觉
虚构的

书籍
神秘
世界
甲骨文
行星
机器人
场景
技术
乌托邦

27 - Città

钓	瓷	能	针	缝	影	园	商	影	乐	篮	舞	足	法
球	画	园	戏	足	趣	工	图	店	狩	潜	影	远	缝
画	能	瓷	剧	院	阅	暇	乐	拼	园	击	缝	远	拳
动	利	纫	足	银	行	术	猎	品	钓	针	远	露	魔
戏	潜	园	面	包	店	戏	击	术	工	鱼	工	潜	动
动	物	园	针	图	魔	球	花	药	益	大	学	画	图
电	影	舞	拳	书	缝	潜	体	店	博	远	远	鱼	园
足	暇	摄	益	馆	学	校	育	陶	物	足	鱼	缝	摄
益	魔	园	书	猎	远	市	场	瓷	馆	拼	营	纫	露
狩	狩	能	拳	店	击	画	影	绘	钓	猎	游	法	拳
拼	露	潜	影	猎	法	廊	机	技	露	趣	松	趣	球
暇	球	鱼	戏	超	级	市	场	酒	店	棒	技	瓷	篮
法	游	棒	篮	魔	法	乐	技	绘	瓷	术	法	营	织
能	诊	所	游	利	阅	阅	工	鱼	松	猎	摄	阅	篮

机场   市场
银行   博物馆
图书馆   商店
电影   面包店
诊所   学校
药店   体育场
花店   超级市场
画廊   剧院
酒店   大学
书店   动物园

28 - Compleanno

游	能	歌	松	技	露	活	魔	猎	日	放	狩	拳	能
露	拳	陶	曲	陶	纫	品	鱼	放	球	戏	益	图	瓷
益	读	陶	艺	蛋	糕	活	益	篮	棒	暇	工	猎	拼
远	戏	松	术	趣	鱼	邀	礼	物	篮	潜	针	趣	回
钓	针	技	动	蜡	烛	请	狩	动	益	织	潜	利	忆
陶	读	乐	游	益	鱼	函	放	拳	动	击	绘	快	技
阅	时	间	利	暇	棒	暇	棒	游	动	针	动	暇	乐
图	趣	松	魔	乐	园	特	击	露	棒	针	工	工	击
摄	影	拼	年	暇	针	利	别	庆	祝	日	历	朋	魔
潜	击	暇	轻	陶	利	放	利	绘	织	绘	绘	友	跳
乐	趣	击	篮	牌	猎	营	能	放	缝	篮	松	棒	工
魔	魔	图	读	技	棒	智	舞	活	益	能	魔	魔	读
品	拼	瓷	棒	球	益	慧	摄	足	球	技	艺	动	跳
法	技	读	趣	暇	读	陶	技	潜	画	阅	活	摄	趣

朋友
日历
蜡烛
歌曲
庆祝
乐趣
快乐
年轻

邀请函
出生
礼物
回忆
智慧
特别
时间
蛋糕

29 - Fattoria #1

棒	营	利	蜂	活	干	草	肥	趣	钓	松	摄	织	松
拳	足	缝	蜜	鱼	品	法	料	游	种	棒	陶	法	利
露	栅	栏	狩	钓	露	技	潜	趣	子	钓	工	营	击
图	拼	读	暇	图	影	乐	技	瓷	营	营	鱼	活	利
足	品	松	阅	影	鱼	读	篮	营	能	图	跳	拳	幼
钓	蜜	瓷	足	足	阅	击	趣	牛	瓷	法	图	能	拼
鱼	蜂	鱼	利	足	击	工	舞	趣	暇	马	小	腿	技
棒	法	法	幼	鱼	松	影	术	缝	魔	趣	米	技	影
潜	领	阅	读	绘	动	放	钓	乐	陶	能	篮	潜	暇
水	域	魔	读	棒	画	击	园	园	利	钓	技	农	业
技	棒	读	棒	魔	拼	棒	足	动	益	趣	猫	益	鸡
山	羊	群	乐	鱼	画	品	球	狗	鱼	跳	幼	拼	摄
技	松	鱼	棒	击	钓	猪	法	足	魔	跳	放	棒	棒
趣	园	能	读	击	跳	魔	球	画	技	陶	驴	陶	趣

农业
蜜蜂
领域
山羊
肥料
干草

羊群
蜂蜜
栅栏
种子
小腿

30 - Paesaggi

法	间	戏	动	跳	鱼	针	露	松	冰	跳	沼	品	拳
技	魔	歇	画	鱼	击	读	影	球	园	山	泽	球	纫
海	洋	远	泉	放	潜	鱼	鱼	钓	园	鱼	阅	动	暇
能	远	画	图	山	河	术	击	球	足	暇	棒	画	动
足	露	陶	陶	画	品	瀑	工	利	益	拼	读	拳	游
跳	潜	跳	纫	沙	织	布	拳	织	篮	足	鱼	趣	拼
戏	绿	能	乐	漠	丘	潜	拳	益	球	放	读	乐	舞
艺	洲	艺	洞	穴	读	营	画	影	营	品	影	乐	利
图	潜	阅	法	活	篮	瓷	半	岛	冰	川	瓷	潜	山
狩	能	利	海	戏	园	暇	益	织	鱼	纫	舞	绘	谷
绘	苔	缝	滩	火	山	露	拼	读	术	棒	远	戏	暇
趣	原	露	术	品	乐	戏	利	利	击	乐	乐	趣	技
戏	读	益	放	营	跳	摄	篮	缝	益	术	艺	舞	拼
术	戏	露	钓	湖	阅	棒	舞	狩	益	艺	术	工	

瀑布
沙漠
沙丘
间歇泉
冰川
洞穴
冰山
绿洲

海洋
沼泽
半岛
海滩
苔原
山谷
火山

31 - Ristorante #2

钓 益 猎 戏 利 远 园 球 篮 钓 松 法 活 织
拼 读 盐 松 松 暇 瓷 远 魔 陶 纫 纫 读 瓷
潜 读 足 暇 活 织 足 摄 乐 工 陶 益 晚 露
游 舞 露 篮 跳 钓 水 动 跳 图 阅 午 餐 猎
纫 绘 图 棒 阅 足 摄 织 拼 舞 园 跳 画 读
放 露 拼 术 动 影 拼 足 美 针 能 瓷 织 艺
影 摄 图 篮 汤 园 水 活 拳 味 拼 针 松 针
棒 戏 服 法 乐 放 果 技 拳 动 冰 织 跳 针
品 足 务 蛋 园 香 趣 瓷 读 织 瓷 能 松 鱼
跳 潜 员 棒 糕 料 潜 戏 活 鱼 饮 品 乐 营
园 游 钓 潜 放 营 叉 子 蛋 露 料 影 乐 开
蔬 球 陶 潜 击 品 利 远 影 拼 球 沙 拉 胃
菜 舞 舞 足 篮 拼 乐 陶 绘 椅 放 松 法 菜
拳 能 勺 子 能 工 艺 球 工 远 子 棒 动 图

开胃菜 水果
饮料 沙拉
服务员 午餐
晚餐 椅子
勺子 香料
美味 蛋糕
叉子 蔬菜

32 - Giardino

猎	足	池	松	纫	暇	岩	活	图	鱼	魔	术	耙	狩
活	舞	法	塘	动	能	石	击	乐	画	织	织	动	活
露	动	缝	钓	击	魔	瓷	图	品	魔	魔	摄	针	拼
艺	吊	放	杂	草	拼	平	瓷	狩	乐	技	跳	术	动
蹦	床	阅	画	露	坪	台	趣	阅	工	戏	趣	狩	足
读	松	图	灌	木	缝	读	放	跳	舞	松	阅	拳
摄	品	技	棒	棒	足	陶	猎	能	艺	露	魔	利
针	针	击	露	钓	能	钓	跳	狩	露	棒	棒	猎
乐	钓	花	乐	潜	狩	园	拳	术	技	栅	园	技
钓	拳	园	门	绘	树	击	松	乐	篮	栏	游	远
戏	拳	舞	廊	品	铲	游	品	阅	软	魔	钓	针
技	活	拳	织	品	绘	能	术	土	管	读	益	摄
影	艺	纫	游	园	鱼	篮	车	壤	放	工	影	营
远	游	益	技	陶	针	营	库	织	趣	猎	潜	舞	潜

床
吊 木
灌 草
杂 园
果 库
车 园
花 廊
门
草 坪

栅 栏
岩 石
池 塘
土 壤
平 台
蹦 床
软 管

33 - Frutta

趣 足 拼 远 暇 鱼 利 跳 营 暇 戏 放 针 跳
柠 檬 技 黑 品 品 艺 远 画 技 纫 覆 李 子
技 拼 潜 莓 动 球 读 动 猕 猴 桃 盆 艺 品
鳄 营 乐 读 活 猎 木 放 陶 魔 篮 子 钓 摄
摄 梨 梨 足 击 香 蕉 瓜 猎 菠 萝 樱 能 活
绘 艺 远 陶 浆 萃 摄 工 狩 能 油 桃 魔 活
足 针 远 图 艺 果 篮 园 舞 瓷 读 品 益 利
陶 趣 猎 远 钓 舞 暇 图 影 跳 球 品 棒 纫
陶 织 魔 足 橙 色 艺 术 读 读 露 影 绘 针
拼 动 放 戏 工 技 工 读 鱼 针 舞 缝 葡 艺
趣 动 远 放 游 利 魔 游 瓷 钓 放 摄 萄 狩
动 绘 图 足 影 缝 芒 果 缝 缝 法 针 杏 篮
远 露 陶 露 品 画 乐 游 阅 跳 暇 能 利 潜
缝 跳 露 品 绘 纫 活 图 放 纫 画 动 棒 能

菠萝
橙色
鳄梨
浆果
香蕉
樱桃
猕猴桃
覆盆子

柠檬
芒果
苹果
黑油
木李
葡萄

果莓桃瓜子萄

34 - Fattoria #2

术	钓	水	果	跳	狩	潜	摄	松	狩	艺	品	潜	击
营	活	艺	戏	趣	读	活	灌	溉	狩	针	品	绘
猎	果	园	拳	足	击	猎	跳	食	物	大	画	技	针
艺	棒	利	法	魔	美	阅	乐	牧	小	麦	术	缝	利	益
拖	拉	机	影	绘	乐	洲	画	玉	羊	肉	拼	利	缝
缝	利	动	动	物	钓	活	驼	米	益	人	露	乐	击
露	鱼	缝	击	拳	影	品	羊	魔	篮	工	放	放	艺
动	猎	暇	摄	动	画	潜	松	狩	拼	画	摄	利	艺
蔬	菜	缝	钓	工	织	农	牛	奶	鹅	足	棒	法	鸭
趣	狩	营	纫	织	活	猎	民	瓷	趣	绘	趣	动	乐
狩	乐	读	益	猎	暇	乐	舞	拼	画	钓	猎	法	针
狩	戏	缝	趣	利	术	乐	狩	活	益	缝	绘	绘	影
趣	读	工	球	绘	缝	松	艺	魔	阅	营	能	鱼	园
谷	仓	击	纫	技	益	拳	绘	活	技	能	棒	草	甸

肉
羊 民
农 物
动 物
食 仓
谷 果
水 园
果 麦
小
灌 溉

洲
美 驼
牛 奶
玉 米
大 麦
牧 羊 人
草 甸
拖 拉 机
蔬 菜

35 - Dinosauri

益	戏	猛	远	纫	篮	趣	营	露	针	画	纫	影	绘
舞	陶	禽	动	松	地	拳	大	纫	棒	艺	球	瓷	缝
陶	狩	阅	拼	织	球	篮	活	影	利	棒	绘	拳	艺
法	猛	绘	阅	猎	影	击	缝	拳	击	翅	拼	能	戏
营	戏	犸	趣	鱼	拳	尾	巴	瓷	魔	膀	跳	绘	阅
爬	画	食	象	篮	猎	画	魔	画	跳	跳	拼	拼	艺
棒	行	肉	钓	猎	瓷	魔	绘	巨	拳	远	技	史	工
杂	阅	动	术	猎	猎	尺	寸	大	趣	足	狩	前	化
食	针	物	物	松	动	放	影	纫	潜	松	潜	动	石
动	针	种	舞	松	松	活	猎	物	消	失	品	艺	跳
物	食	露	鱼	工	益	画	绘	术	阅	摄	强	能	露
恶	活	草	跳	进	术	舞	技	放	棒	乐	大	猎	戏
毒	益	猎	动	化	足	法	魔	魔	瓷	营	足	阅	阅
钓	舞	摄	瓷	物	鱼	活	舞	暇	棒	球	舞	艺	阅

翅膀
食肉动物
尾巴
巨大
食草动物
进化
化石
猛犸象
杂食动物
强大

猎物
史前
猛禽
爬行动物
消失
物种
尺寸
地球
恶毒

36 - Verdure

放针豌击胡趣番茄园动大南缝乐
潜钓豆动拳萝艺篮拼乐蒜瓜露画
影陶篮游狩松卜鱼土露品画潜球
沙织图摄潜姜瓷豆菠动益技击击
拉鱼艺针营瓷瓷香菜击利工放
魔鱼击利陶舞鱼能狩营潜远
蘑远狩游绘摄猎读图技松纫动
菇茄图艺拳戏拼芜朝西兰花芹
击子洋针舞魔动菁技鲜活画菜
露棒陶葱影放放能动画蓟园营
足黄瓜松针游拼放魔鱼园拳拼
猎击缝术放跳法放乐品乐织能
足露拳猎瓷缝益狩萝图跳球活露
能游远放鱼利技图卜织暇术活

大蒜　　　花　　土豆　　菜菜
西兰　蓟卜　豆茄菁卜瓜
朝鲜萝　　豌番菜菜
胡黄瓜葱　　香芜菜
洋蘑菇拉　　　萝芹
沙　子　　　芹菠
茄　　　　　　南

37 - Scuola #2

影 能 营 纸 跳 戏 暇 乐 图 活 棒 跳 拳 利
拳 趣 拼 潜 阅 暇 动 远 球 书 阅 松 工 阅
文 献 老 师 缝 潜 画 拼 工 营 馆 摄 远 乐
图 品 阅 工 利 瓷 游 远 利 术 能 猎 工 露
趣 营 舞 能 营 工 拼 棒 教 陶 拳 织 剪 暇
暇 露 远 放 瓷 科 足 陶 育 园 书 击 刀 暇
游 背 包 画 数 学 习 营 球 日 籍 营 摄 园
棒 游 远 拼 篮 游 球 影 篮 历 钓 魔 电 舞
语 法 击 缝 陶 戏 松 拼 篮 影 舞 活 脑 趣
松 暇 园 纫 陶 艺 缝 趣 阅 松 品 营 陶 摄
跳 拼 艺 技 绘 工 阅 鞋 读 技 棒 能 术 足
品 利 暇 球 艺 园 能 摄 趣 铅 工 字 缝 活
能 能 总 松 技 戏 针 足 艺 笔 棒 典 跳 棒
陶 魔 陶 线 营 陶 戏 纫 术 趣 益 织 球 放

学习
总线
图书馆
日历
电脑
字典
教育
剪刀
游戏

语法
老师
文献
阅读
书籍
数学
铅笔
科学
背包

38 - Barbecue

陶	园	篮	品	品	能	针	魔	击	戏	瓷	缝	能	法
技	活	猎	远	园	猎	纫	酱	纫	游	拼	趣	钓
跳	拼	松	远	洋	葱	画	摄	蔬	狩	戏	能	瓷
游	阅	足	图	陶	钓	篮	益	菜	营	趣	技	潜
针	跳	摄	远	技	足	术	暇	游	拳	趣	松	读
乐	读	法	影	织	图	读	读	魔	乐	园	画	戏
水	果	鸡	猎	猎	夏	画	画	击	盐	饥	饿	拼
园	艺	潜	游	足	天	活	击	影	刀	晚	餐	利
动	园	暇	戏	阅	放	针	品	足	跳	读	魔	影
图	法	松	摄	瓷	术	篮	狩	热	游	陶	益
暇	读	鱼	游	织	沙	阅	午	烧	食	物	暇	胡	椒
画	摄	潜	营	潜	拉	拼	餐	烤	阅	趣	工	舞
利	画	乐	音	乐	家	庭	狩	番	茄	工	利	暇	艺
游	动	读	舞	营	纫	击	暇	跳	阅	益	工	活	动

晚餐 / 餐物
食物 / 洋葱
洋葱 / 夏天
夏天 / 饥饿
饥饿 / 家庭
家庭 / 水果
水果 / 游戏
游戏

烧烤 / 烤拉
烧沙 / 沙乐
沙音 / 音椒
音胡 / 胡茄
胡番 / 番餐
番午 / 午菜
午蔬 / 蔬

39 - Riempire

棒	缝	露	舞	影	动	园	工	纫	动	瓷	乐	影	戏
鱼	画	趣	能	缝	画	能	缝	画	摄	放	绘	松	动
鱼	跳	陶	松	猎	活	游	篮	瓷	跳	乐	球	棒	益
鱼	针	艺	击	足	利	潜	技	盒	营	魔	舞	趣	托
狩	瓷	钓	织	针	露	游	戏	子	术	影	篮	远	盘
鱼	影	文	活	园	织	织	钓	棒	拼	益	法	瓷	桶
益	缝	件	舞	狩	动	利	工	摄	画	读	乐	品	图
乐	放	夹	盆	画	花	瓶	趣	摄	绘	趣	法	技	阅
放	猎	图	地	狩	摄	游	远	潜	篮	摄	工	浴	管
动	拼	能	球	鱼	针	暇	足	松	法	击	能	缸	影
技	信	封	阅	手	趣	钓	营	抽	术	棒	画	影	营
针	击	足	露	法	提	纸	口	园	屉	鱼	包	影	图
摄	画	影	营	读	放	箱	袋	足	瓶	子	陶	篮	子
艺	跳	营	跳	松	绘	营	绘	棒	影	陶	球	营	图

盆地　　　　　　　　盒子
瓶子　　　　　　　　口袋
信封　　　　　　　　手提箱
文件夹　　　　　　　浴缸
纸箱　　　　　　　　花瓶
抽屉　　　　　　　　托盘
篮子

40 - Insetti

拼	狩	蜻	缝	鱼	乐	摄	乐	技	球	织	画	蝴	织
艺	陶	蜓	游	缝	游	蛾	术	术	乐	潜	活	蝶	艺
绘	活	松	法	放	魔	纫	法	白	陶	图	拼	织	放
棒	工	暇	球	乐	拼	缝	绘	蚁	绘	猎	艺	暇	露
趣	缝	织	篮	棒	游	拼	舞	钓	能	营	术		园
陶	篮	暇	缝	织	乐	魔	蚂	棒	蚜	工	狩	拳	潜
园	舞	影	黄	蜂	蚱	蛃	甲	蚁	潜	蠕	乐	乐	动
图	术	动	营	艺	纫	利	虫	纫	幼	虫	蚊	绘	拼
棒	乐	技	放	足	阅	影	营	摄	图	术	子	绘	放
趣	瓷	击	棒	拳	针	蝉	摄	钓	影	钓	动	跳	针
营	术	远	潜	露	蜜	蜂	纫	蟑	跳	击	钓	螳	钓
读	瓷	钓	拳	魔	潜	篮	大	蝴	动	蚤	篮	螂	品
工	瓢	工	狩	拳	跳	球	黄	织	狩	拳	针	戏	利
缝	虫	画	球	乐	放	读	蜂	影	趣	露	画	法	益

蜜蜂
大黄蜂
蚱蜢
瓢虫
甲虫
蝴蝶
蚂蚁
幼虫

蜻蜓
螳螂
跳蚤
蟑螂
白蚁
蠕虫
黄蜂
蚊子

41 - Erboristeria

棒	艺	摄	击	阅	图	魔	瓷	魔	乐	潜	薰	衣	草
戏	乐	钓	纫	针	篮	舞	工	戏	足	读	瓷	艺	舞
益	放	茴	工	藏	大	蒜	拳	芳	香	菜	绘	罗	勒
击	迷	迭	香	红	摄	织	艺	图	读	魔	暇	松	艺
瓷	篮	瓷	棒	花	质	量	园	法	跳	技	图	法	猎
利	图	球	狩	园	艺	动	针	松	游	拳	狩	品	拳
趣	猎	纫	织	法	营	拳	益	益	击	品	益	乐	绿
钓	技	拼	鱼	球	益	利	品	绘	球	画	缝	法	色
阅	露	读	暇	舞	读	松	品	钓	篮	阅	阅	园	乐
摄	拳	击	读	读	篮	法	牛	纫	影	瓷	动	露	篮
放	松	百	瓷	龙	马	莳	暇	至	鱼	图	潜	狩	棒
阅	拳	松	里	蒿	郁	萝	烹	饪	针	拼	针	潜	球
拳	法	影	纫	香	兰	技	舞	薄	摄	品	技	成	分
能	活	球	针	影	织	品	缝	荷	活	猎	工	益	织

大蒜
莳萝
芳香
罗勒
烹饪
龙蒿
茴香
花园
成分
薰衣草

马郁兰
薄荷
牛至
香菜
质量
迷迭香
百里香
绿色
藏红花

42 - Danza

狩	拳	缝	乐	潜	园	情	伙	伴	瓷	运	益	钓	陶
跳	足	足	暇	阅	针	园	感	拳	图	动	益	瓷	品
活	画	趣	棒	潜	影	瓷	瓷	优	能	读	球	足	活
缝	图	钓	放	魔	暇	阅	球	雅	品	远	园	猎	击
拼	影	陶	学	缝	品	足	远	跳	篮	舞	潜	瓷	远
暇	远	工	院	鱼	针	益	潜	暇	球	松	身	体	营
舞	品	传	统	的	篮	猎	鱼	技	鱼	足	暇	动	篮
魔	活	露	画	绘	活	纫	术	暇	鱼	趣	跳	活	猎
节	奏	姿	缝	艺	术	篮	棒	术	猎	织	松	技	动
摄	潜	利	势	篮	拳	陶	击	乐	影	园	文	化	绘
视	觉	的	纫	瓷	跳	棒	术	击	图	动	游	纫	画
潜	篮	活	织	棒	足	暇	术	绘	富	有	表	现	力
品	拼	击	织	画	艺	陶	术	松	编	音	魔	影	露
术	针	画	拼	放	活	跳	潜	益	舞	快	乐	古	典

学院
艺术
古典
伙伴
编舞
身体
文化
情感
富有表现力

快乐
优雅
运动
音乐
姿势
节奏
传统的
视觉的

43 - Commedia

女	绘	活	魔	远	远	缝	击	画	绘	动	击	潜	趣
演	品	营	戏	远	读	活	戏	戏	潜	读	放	利	拼
员	员	潜	营	纫	技	潜	术	工	法	拳	戏	画	击
艺	能	电	纫	织	击	能	针	跳	趣	足	松	动
法	艺	视	画	放	画	小	游	松	趣	纫	球	松
读	动	瓷	术	模	仿	丑	即	瓷	舞	缝	阅	笑	狩
画	品	织	技	掌	声	活	棒	兴	园	剧	钓	话	棒
足	阅	富	动	纫	织	阅	画	缝	创	院	狩	活	纫
露	暇	露	有	趣	球	乐	鱼	纫	作	远	远	图
益	画	类	型	表	营	趣	趣	拳	潜	瓷	篮	绘	猎
织	图	松	织	跳	现	读	篮	画	猎	园	园	能	松
棒	观	众	幽	远	陶	力	瓷	绘	工	松	营	击	棒
舞	球	艺	默	击	艺	魔	读	针	能	技	影	足	狩
读	摄	读	击	远	笑	声	鱼	篮	聪	明	活	狩	摄

掌声　　　　　　　　聪明
演员　　　　　　　　模仿
女演员　　　　　　　观众
小丑　　　　　　　　笑声
有趣　　　　　　　　笑话
乐趣　　　　　　　　剧院
富有表现力　　　　　电视
类型　　　　　　　　幽默
即兴创作

44 - Scuola #1

标	朋	友	工	鱼	画	瓷	瓷	跳	戏	乐	读	狩	工
织	记	缝	法	魔	魔	缝	读	潜	影	图	狩	读	潜
营	足	针	织	图	足	园	文	工	纸	工	园	能	魔
读	舞	舞	针	书	籍	击	件	球	法	艺	绘	午	餐
钓	考	艺	魔	馆	猎	露	夹	松	技	术	猎	纫	狩
放	试	法	摄	动	椅	松	读	技	戏	利	鱼	活	艺
拳	动	松	戏	摄	子	戏	动	图	品	钓	品	铅	放
球	技	营	益	摄	织	鱼	放	暇	暇	乐	趣	笔	放
舞	乐	品	拼	鱼	陶	鱼	读	园	钓	活	数	绘	足
游	织	鱼	摄	足	工	跳	法	狩	老	师	学	字	能
工	篮	趣	猎	图	拳	活	游	趣	织	游	画	母	拼
利	影	缝	摄	篮	暇	能	法	球	戏	读	艺	瓷	钓
拼	猎	狩	戏	钓	答	测	验	技	缝	露	放	摄	阅
绘	缝	园	拳	足	陶	案	陶	阅	纫	技	击	课	堂

字母
朋友
课堂
图书馆
文件夹
乐趣
考试
老师
书籍

标记
数学
铅字
午餐
测验
答案
椅子

45 - Fiori

画	乐	技	游	瓷	击	游	足	牡	雏	花	瓣	猎	戏
乐	活	工	远	绘	球	活	跳	丹	水	菊	狩	动	艺
瓷	棒	露	针	球	针	薰	影	绘	仙	球	乐	影	狩
陶	营	棒	钓	品	摄	衣	益	兰	花	向	百	合	影
鱼	利	露	工	三	叶	草	远	球	金	日	露	魔	摄
瓷	足	影	绘	图	足	织	放	松	盏	舞	葵	摄	茉
拼	幼	暇	拼	动	趣	露	玉	鱼	花	拼	能	茉	莉
篮	益	球	图	技	球	瓷	兰	潜	趣	魔	益	篮	花
绘	动	露	拼	读	影	艺	针	足	芙	猎	球	子	阅
益	球	猎	瓷	图	术	幼	针	针	蓉	猎	松	能	钓
影	鱼	蒲	郁	金	香	西	玫	瑰	魔	活	栀	魔	工
舞	工	艺	公	猎	拳	番	趣	击	针	松	子	利	缝
魔	舞	动	暇	英	织	莲	罂	粟	松	益	纫	利	工
摄	营	潜	动	活	益	益	游	技	钓	影	趣	跳	缝

金盏花
蒲公英
栀子花
茉莉花
百合
向日葵
芙蓉
薰衣草
玉兰
雏菊

花束
水仙花
兰花
罂粟
西番莲
牡丹
花瓣
玫瑰
三叶草
郁金香

46 - Ecologia

社区能狩远生舞能大气多织图瓷
针读艺阅跳针存术自候拼样能鱼
海洋松针术生潜自然摄营园性球
摄读乐法画境益足幼放球益品拳
资缝园阅织露戏活植摄鱼瓷远工
源球摄击利志术缝物游棒篮干旱
术击暇篮艺愿读足种猎图钓园拼
园潜工艺魔者绘缝园远足影园利
趣沼技狩利术工品游活球足钓绘
棒泽绘趣舞绘艺陶针影动影能鱼
足钓暇摄影法足品法暇棒物击潜
技技露利戏营缝篮击趣钓趣群工
纫织钓拳露钓法品魔棒图图猎猎
潜营动猎拼图植被钓阅远动露远

气候	沼泽
社区	植物
多样性	资源
动物群	干旱
生境	生存
海洋	物种
大自然	植被
自然	志愿者

47 - Discipline Scientifiche

阅	绘	绘	暇	术	暇	解	法	篮	暇	影	气	摄	暇
跳	阅	织	拳	瓷	力	剖	图	技	魔	缝	象	生	乐
画	工	生	利	语	言	学	天	针	热	力	学	物	动
绘	利	物	营	魔	图	足	棒	文	利	读	图	化	神
心	理	学	鱼	猎	益	拼	生	理	学	社	会	学	经
绘	鱼	纫	缝	缝	园	画	态	化	学	地	植	物	学
瓷	织	魔	足	狩	考	古	学	工	摄	陶	质	潜	益
陶	益	织	击	法	益	陶	球	工	园	戏	读	学	游
能	戏	利	技	钓	猎	放	远	影	工	针	针	篮	绘
品	园	舞	动	物	学	园	远	读	游	品	免	击	击
图	动	纫	阅	术	拼	活	游	猎	舞	拼	疫	营	击
园	足	图	钓	陶	活	戏	活	法	摄	棒	学	篮	影
球	活	击	潜	潜	图	园	益	工	舞	画	露	针	拳
矿	物	学	工	跳	营	读	术	瓷	远	球	拳	乐	魔

解剖学	免疫学
考古学	语言学
天文学	力学
生物化学	气象学
生物学	矿物学
植物学	神经学
化学	心理学
生态学	社会学
生理学	热力学
地质学	动物学

48 - Scienza

猎	阅	足	艺	鱼	暇	缝	松	能	绘	松	潜	拼	图
鱼	事	实	工	力	针	放	技	读	狩	园	纫	跳	活
跳	足	验	科	学	读	能	放	击	篮	陶	篮	画	狩
画	猎	针	缝	家	缝	针	拼	跳	暇	篮	拳	球	阅
园	益	进	远	放	钓	跳	营	球	远	拳	球	工	松
拳	动	术	化	学	的	图	缝	戏	矿	物	工	游	能
图	拼	技	观	察	露	球	乐	影	法	理	游	瓷	缝
活	法	园	趣	品	假	设	能	读	品	暇	暇	工	技
粒	分	动	生	活	方	法	陶	益	摄	缝	戏	游	游
原	子	摄	针	物	放	拼	篮	跳	缝	戏	益	画	纫
图	工	松	益	阅	钓	益	能	营	工	趣	狩	益	技
缝	露	摄	化	石	数	织	技	动	读	艺	魔	棒	营
气	绘	击	钓	趣	据	篮	术	露	艺	狩	艺		鱼
候	实	验	室	趣	读	摄	大	自	然	艺	篮	露	工

原子	假设
化学的	实验室
气候	方法
数据	矿物
实验	分子
进化	大自然
事实	生物
物理	观察
化石	粒子
重力	科学家

49 - Acqua

画 足 乐 戏 露 图 间 瓷 拳 猎 飓 法 露 足
魔 雨 园 益 放 缝 歇 技 波 浪 风 棒 艺 能
冰 摄 品 缝 营 阅 泉 缝 影 画 棒 湿 针 拼
钓 图 拳 魔 摄 影 露 绘 拳 跳 乐 拼 度 猎
动 技 拳 狩 利 瓷 潜 影 戏 足 潜 跳 技 钓
足 棒 魔 猎 魔 陶 湖 猎 瓷 幼 足 篮 艺 品
缝 足 跳 趣 拳 魔 利 蒸 动 术 技 钓 艺 松
织 露 篮 足 拳 远 松 汽 猎 图 趣 益 幼 工
蒸 画 潜 篮 动 影 针 游 篮 跳 季 风 鱼 霜
河 发 瓷 图 露 图 益 跳 暇 露 戏 钓 放 乐
足 品 淋 海 洋 织 猎 摄 狩 松 灌 瓷 阅 松
能 幼 雪 浴 篮 洪 利 瓷 能 钓 溉 缝 棒 技
游 缝 技 潮 趣 水 球 趣 足 运 河 舞 舞 摄
艺 摄 猎 湿 拳 趣 放 画 舞 能 棒 品 陶 绘

洪水   海洋
运河   波浪
淋浴   湿度
蒸发   潮湿
间歇泉   飓风
灌溉   蒸汽
季风

50 - Gatti

图	戏	动	影	营	游	读	利	利	术	活	击	击	足
棒	动	猎	法	露	猎	活	益	舞	针	篮	棒	猎	画
有	趣	法	瓷	影	跳	图	织	瓷	乐	戏	图	棒	球
图	拼	击	营	鱼	游	益	能	工	足	松	钓	舞	画
利	鱼	陶	摄	害	拼	跳	术	艺	术	园	猎	游	技
戏	暇	鱼	游	读	羞	阅	乐	艺	图	足	针	人	工
舞	拼	织	绘	益	好	奇	品	远	狩	潜	瓷	营	能
法	图	活	阅	动	玩	绘	缝	拼	纫	利	纱	击	拳
摄	术	影	疯	狂	的	尾	营	摄	营	术	露	纫	拳
猎	活	个	读	远	阅	阅	巴	潜	棒	技	品	利	猎
读	露	性	阅	毛	篮	瓷	艺	松	睡	觉	远	缝
图	魔	拳	独	皮	画	绘	游	篮	钓	动	露	鼠	摄
园	潜	潜	立	阅	能	陶	图	摄	荒	动	纫	法
舞	工	画	足	拼	爪	子	拳	读	魔	野	动	乐	影

猎人
尾巴
好奇
有趣
睡觉
好玩的
独立

疯狂的
毛皮
个性
荒野
害羞
爪子

51 - Surf

礁	拳	瓷	品	读	摄	能	图	松	跳	初	拳	篮	工
足	影	活	能	能	纫	海	游	品	胃	露	学	猎	纫
露	鱼	陶	陶	波	戏	冠	洋	球	趣	足	能	者	远
益	技	狩	狩	织	陶	鱼	军	艺	陶	远	画	流	魔
拳	猎	营	画	球	影	陶	魔	趣	钓	画	园	行	瓷
力	量	织	暇	松	猎	能	绘	摄	陶	极	纫	的	球
天	气	松	乐	织	猎	阅	活	活	击	端	露	钓	绘
戏	阅	动	读	活	动	鱼	足	拼	舞	游	露	游	潜
影	暇	松	钓	松	乐	趣	潜	益	艺	织	戏	篮	益
舞	猎	暇	趣	游	魔	运	动	员	陶	画	品	缝	读
拼	技	魔	远	读	工	阅	泡	沫	魔	画	舞	猎	陶
桨	魔	鱼	读	游	鱼	工	艺	钓	读	速	纫	海	滩
画	技	术	能	动	篮	松	击	图	技	度	技	人	松
陶	利	游	趣	图	动	放	缝	足	风	格	舞	群	技

运动员   海洋
冠军   流行的
乐趣   初学者
极端   泡沫
人群   海滩
力量   风格
天气   速度

52 - Imbarcazioni

影	艺	松	缝	放	陶	拳	针	术	游	拳	缝	画	狩
趣	摄	湖	潮	暇	动	足	趣	营	拳	绘	技	缝	纫
织	棒	艺	放	营	园	戏	画	魔	益	利	摄	猎	技
引	擎	舞	露	拳	筏	影	足	拳	波	足	跳	跳	露
益	营	画	舞	拼	影	拳	潜	拳	浪	乐	露	魔	戏
工	舞	海	趣	魔	潜	能	工	品	棒	趣	魔	河	针
动	潜	拳	暇	远	狩	瓷	阅	拳	皮	图	木	放	趣
鱼	读	足	能	球	织	摄	益	跳	品	艇	舟	跳	技
利	阅	击	益	魔	浮	露	活	品	松	绘	工	松	拼
拼	帆	织	拼	画	法	标	远	足	益	画	猎	子	趣
活	船	员	钓	阅	戏	舞	远	戏	游	绳	松	摄	法
缝	足	篮	锚	桅	影	拼	渡	篮	法	术	子	技	艺
海	上	的	跳	杆	鱼	活	轮	球	能	趣	图	水	手
洋	利	猎	技	园	跳	缝	暇	纫	游	艇	技	园	画

桅杆　　　　　　　水手
帆船　　　　　　　引擎
浮标　　　　　　　海上的
独木舟　　　　　　海洋
绳子　　　　　　　波浪
船员　　　　　　　渡轮
皮艇　　　　　　　游艇

53 - Api

远 摄 活 暇 昆 法 太 生 有 益 的 露 足 棒
摄 活 跳 趣 瓷 虫 阳 境 跳 跳 纫 趣 阅 魔
陶 纫 水 影 法 能 图 开 术 远 球 露 织 球
能 拳 果 摄 远 松 舞 花 击 阅 纫 远 棒 钓
猎 魔 远 趣 品 松 拼 乐 绘 蜡 缝 击 戏 阅
露 群 艺 烟 缝 拼 读 益 花 园 技 瓷 陶 远
阅 魔 术 利 植 食 摄 图 粉 活 阅 松 球 翅
猎 工 花 足 足 物 钓 艺 蜂 蜜 工 猎 能 膀
狩 露 击 园 影 读 营 品 巢 露 营 球 露 瓷
园 跳 影 工 园 狩 营 篮 绘 陶 舞 狩 远 篮
纫 益 益 画 戏 女 王 针 游 读 游 放 舞 鱼
图 魔 法 拳 乐 术 术 游 纫 品 读 陶 技 松
园 球 多 样 性 纫 击 松 篮 生 态 系 统 游
缝 游 读 影 魔 影 摄 能 摄 球 术 篮 露 拼

翅膀   花园
蜂巢   生境
有益的   昆虫
食物   蜂蜜
多样性   植物
生态系统   花粉
开花   女王
水果   太阳

54 - Conservazione

狩	足	钓	活	园	营	瓷	读	术	针	图	趣	趣	乐
影	益	篮	潜	放	利	棒	跳	鱼	远	绘	动	乐	远
摄	影	戏	拳	技	潜	钓	能	营	魔	露	污	染	针
暇	能	生	技	纫	艺	戏	球	利	舞	读	读	法	足
环	境	的	态	艺	影	农	品	瓷	球	针	戏	针	松
艺	鱼	品	放	系	纫	药	趣	利	松	足	利	拳	园
球	露	足	针	品	统	变	化	游	瓷	舞	工	术	棒
松	志	愿	者	气	候	影	健	图	狩	露	放	品	营
松	活	阅	自	图	摄	水	趣	康	利	暇	鱼	活	针
减	狩	远	摄	然	动	钓	画	纫	趣	读	跳	品	钓
少	趣	戏	狩	猎	艺	瓷	戏	足	活	跳	足	教	品
园	舞	足	周	松	缝	松	松	术	舞	拼	暇	育	画
跳	画	针	期	绿	色	回	收	纫	钓	陶	益	术	摄
松	营	利	钓	鱼	有	机	鱼	狩	击	趣	生	境	益

环境的	自然
变化	有机
周期	农药
气候	回收
生态系统	减少
教育	健康
生境	绿色
污染	志愿者

55 - Strumenti Musicali

打	品	狩	单	远	活	狩	纫	小	棒	喇	叭	法	跳
园	击	营	簧	班	篮	戏	大	提	琴	猎	影	潜	戏
工	织	乐	管	乐	卓	铃	鼓	琴	缝	画	游	益	拼
活	纫	击	器	松	竖	琴	吉	摄	足	暇	瓷	球	画
拼	技	球	潜	针	潜	技	法	他	游	球	放	术	暇
读	读	猎	萨	长	击	陶	法	曼	利	影	陶	球	足
长	号	狩	克	笛	钢	潜	球	陀	松	影	击	摄	纫
猎	技	拳	斯	品	琴	狩	马	林	巴	锣	工	动	趣
击	动	活	管	魔	球	艺	远	鱼	露	舞	狩	猎	摄
暇	拳	双	画	篮	绘	乐	针	营	营	篮	戏	园	拳
织	趣	簧	缝	画	活	技	营	棒	针	画	陶	猎	益
舞	拼	管	拼	阅	利	摄	跳	钓	棒	术	猎	鱼	纫
魔	画	画	球	巴	松	管	陶	读	跳	拳	拼	拼	织
织	跳	绘	远	口	琴	图	露	猎	织	法	瓷	利	缝

口琴
竖琴
班卓琴
吉他
单簧管
巴松管
长笛
曼陀林
马林巴

双簧管
打击乐器
钢琴
萨克斯管
铃鼓
喇叭
长号
小提琴
大提琴

56 - Professioni #2

读	暇	棒	游	动	缝	跳	趣	画	缝	足	摄	图	画
工	品	趣	纫	飞	艺	益	篮	画	图	技	影	园	丁
露	舞	阅	跳	行	拳	发	绘	篮	魔	击	师	钓	魔
图	书	管	理	员	记	明	猎	拳	技	读	术	动	工
绘	钓	露	露	老	利	者	利	松	园	宇	品	击	程
暇	针	摄	远	师	鱼	动	趣	技	营	航	园	摄	师
钓	语	牙	医	生	瓷	外	科	医	生	员	乐	戏	猎
哲	言	插	针	营	放	舞	技	营	动	物	学	家	游
猎	学	画	狩	足	趣	缝	趣	缝	拳	棒	学	松	画
针	家	家	营	猎	棒	鱼	足	戏	潜	拼	绘	家	针
园	工	利	松	动	拳	阅	画	击	工	利	品	跳	拳
球	狩	术	品	游	狩	阅	织	法	跳	舞	潜	绘	纫
研	究	员	猎	球	技	利	读	拳	营	钓	画	家	鱼
动	侦	探	影	能	鱼	园	纫	针	动	球	跳	篮	足

宇航员   插画家

图书管理员   工程师

生物学家   老师

外科医生   发明者

牙医   语言学家

侦探   医生

哲学家   飞行员

摄影师   画家

园丁   研究员

记者   动物学家

57 - Letteratura

园	节	狩	悲	剧	风	诗	跳	活	工	轶	动	活	技
足	奏	游	工	击	格	意	猎	读	跳	事	营	跳	击
露	拼	利	潜	绘	游	露	品	艺	趣	营	戏	术	击
对	活	瓷	意	摄	织	乐	园	放	猎	球	动	球	狩
拳	话	活	见	趣	隐	喻	传	活	放	鱼	画	跳	品
远	拳	园	幼	球	击	击	记	棒	足	松	营	利	韵
作	艺	击	戏	艺	阅	益	术	钓	拼	放	狩	营	跳
远	者	露	魔	比	工	球	结	诗	幼	读	拼	缝	拼
艺	游	趣	读	较	足	缝	论	暇	画	游	技	分	主
描	述	拳	缝	动	狩	术	动	幼	图	拳	魔	析	题
摄	摄	鱼	乐	摄	篮	针	松	针	足	足	读	足	园
艺	术	营	阅	法	针	品	小	说	跳	瓷	钓	钓	法
活	艺	游	棒	类	比	潜	动	阅	戏	陶	画	类	动
动	工	利	远	读	瓷	园	暇	钓	针	读	钓	型	潜

分析
类比
轶事
作者
传记
结论
比较
描述
对话

类型
隐喻
意见
诗意奏
节说
小格
风题
主悲剧

58 - Cibo #2

球	西	兰	花	图	园	活	松	猎	艺	图	瓷	能	艺
品	击	火	棒	足	针	篮	苹	猎	影	瓷	艺	远	能
影	纫	腿	益	趣	影	魔	果	鱼	戏	艺	球	松	影
狩	拼	技	织	摄	戏	术	游	拼	乐	狩	戏	法	球
露	益	工	酸	乐	钓	艺	摄	能	阅	远	读	球	足
跳	术	绘	奶	园	动	露	瓷	击	缝	面	陶	葡	乐
蘑	菇	动	纫	米	戏	露	舞	拳	品	露	包	萄	乐
潜	针	鸡	纫	艺	舞	蛋	球	松	法	拳	芹	菜	绘
工	能	放	拼	猎	陶	足	影	园	跳	小	麦	猎	松
游	远	钓	影	益	术	法	乐	放	动	番	戏	针	力
读	奶	酪	露	猎	瓷	工	戏	球	针	茄	技	克	鱼
跳	樱	露	香	影	趣	工	摄	画	读	子	巧	拼	跳
猕	猴	桃	蕉	品	狩	品	暇	篮	影	织	球	图	钓
球	跳	影	能	针	舞	篮	足	图	钓	暇	动	游	跳

香蕉
西兰花
樱桃
巧克力
奶酪
蘑菇
小麦
猕猴桃

苹果
茄子
面包
番茄
火腿
芹菜
葡萄
酸奶

59 - Nutrizione

足	利	艺	游	园	饮	食	平	衡	的	远	重	量	绘
棒	露	缝	趣	猎	趣	欲	工	陶	乐	足	绘	工	跳
拳	露	动	图	松	动	技	暇	针	魔	狩	养	分	苦
拳	织	松	暇	松	品	术	读	狩	利	趣	织	动	读
足	潜	图	营	针	健	击	暇	钓	暇	益	园	狩	织
暇	戏	暇	营	针	康	绘	质	量	利	图	球	术	乐
远	针	织	纫	味	放	缝	园	画	潜	击	益	动	工
消	化	益	潜	法	道	酱	术	读	击	足	跳	猎	碳
阅	狩	益	术	足	舞	篮	乐	动	食	用	益	瓷	水
营	放	潜	暇	拼	织	阅	瓷	读	猎	魔	营	鱼	化
狩	趣	针	活	法	香	击	拳	魔	针	篮	放	瓷	合
液	体	狩	棒	维	料	益	发	卡	路	里	蛋	陶	物
乐	足	篮	活	生	篮	营	图	酵	潜	动	白	跳	鱼
游	钓	针	毒	素	活	舞	园	跳	暇	阅	质	放	球

食欲　　　　　　　　液体
平衡的　　　　　　　养分
卡路里　　　　　　　重量
碳水化合物　　　　　蛋白质
食用　　　　　　　　质量
饮食　　　　　　　　健康
消化　　　　　　　　香料
发酵　　　　　　　　毒素
味道　　　　　　　　维生素

60 - Matematica

纫	猎	十	鱼	缝	法	瓷	绘	工	法	放	织	利	戏
品	绘	进	远	动	针	击	多	图	瓷	拳	动	影	画
利	魔	制	活	瓷	狩	矩	边	拼	分	跳	法	和	动
工	能	园	绘	半	活	跳	形	针	数	周	长	织	戏
暇	利	工	鱼	径	利	法	露	狩	纫	拳	趣	魔	卷
术	方	程	狩	乐	钓	工	影	法	活	品	陶	戏	棒
鱼	动	图	动	暇	益	缝	鱼	趣	拼	法	跳	益	品
瓷	织	营	活	几	术	钓	术	法	垂	游	暇	算	术
拼	远	术	画	何	球	针	瓷	利	直	瓷	鱼	潜	狩
技	活	指	数	学	术	狩	品	利	径	能	跳	技	针
缝	击	魔	露	拳	品	舞	营	活	阅	松	舞	足	艺
画	舞	远	跳	绘	三	广	场	瓷	陶	跳	品	读	趣
露	对	称	工	平	暇	角	度	露	织	拼	陶	趣	钓
绘	球	营	平	行	四	边	形	术	魔	拳	跳	露	钓

角度	平行四边形
算术	周长
十进制	垂直
直径	多边形
方程	广场
指数	半径
分数	矩形
几何学	对称
平行	三角形

61 - Bagno

画 放 绘 远 利 棒 品 益 针 钓 香 水 活 趣
松 舞 魔 棒 拳 猎 趣 露 绘 镜 子 毛 松 放
乐 缝 瓷 狩 画 影 利 暇 绘 益 动 巾 品 园
术 乐 狩 篮 猎 钓 棒 远 游 法 活 球 绘 营
利 阅 针 影 营 纫 潜 地 篮 法 戏 魔 摄 纫
露 放 针 钓 剪 放 露 跳 毯 活 园 动 读 趣
远 棒 益 足 游 刀 陶 织 动 绘 潜 松 陶 技
击 狩 园 拳 陶 营 利 缝 利 能 摄 纫 园 游
术 泡 足 淋 厕 营 浴 海 绵 蒸 汽 陶 图 读
拳 沫 读 浴 所 篮 画 画 龙 游 跳 露 画 游
露 击 足 利 缝 拼 棒 露 头 舞 拳 远 能 篮
洗 发 水 动 能 法 拳 技 摄 拼 肥 皂 暇 球
剂 陶 狩 术 钓 针 放 狩 技 棒 足 钓 工 缝
影 织 球 暇 跳 织 活 棒 读 猎 陶 纫 棒 读

毛巾　　　　　　　龙头
泡沫　　　　　　　肥皂
淋浴　　　　　　　洗发水
剪刀　　　　　　　镜子
厕所剂　　　　　　海绵
洗剂　　　　　　　地毯
香水　　　　　　　蒸汽

62 - Meditazione

营	图	术	鱼	绘	狩	潜	拳	足	跳	篮	篮	松	法
戏	瓷	绘	暇	放	暇	品	读	法	拳	影	益	放	跳
阅	游	趣	远	鱼	能	狩	趣	乐	乐	魔	乐	利	利
纫	观	针	放	拼	园	瓷	纫	艺	画	沉	篮	园	园
狩	察	足	品	篮	情	乐	工	乐	纫	默	钓	陶	绘
感	激	影	拼	篮	绪	艺	趣	织	潜	潜	瓷	陶	幸
放	篮	营	跳	瓷	乐	趣	画	球	阅	活	篮	益	福
暇	动	大	自	拳	瓷	狩	潜	图	潜	摄	跳	阅	棒
艺	活	猎	击	然	暇	拼	舞	潜	钓	影	益	画	陶
读	图	动	活	益	拼	拳	摄	和	同	读	益	舞	工
品	放	平	静	音	趣	技	习	平	情	魔	画	舞	棒
接	明	晰	醒	球	影	瓷	阅	善	良	拼	舞	足	潜
动	受	松	纫	品	露	篮	运	惯	潜	园	呼	吸	
艺	法	心	理	透	视	园	势	动	营	绘	游		

习惯
接受
平静
明晰
同情
幸善
感心

静晰
情绪
福良
激理

运动
音乐
大自然
观察
和平
姿势
透视
呼吸
沉默

63 - Estate

艺	瓷	击	缝	纫	益	营	艺	猎	足	凉	舞	摄	棒
球	松	利	乐	拼	纫	陶	陶	活	摄	鞋	鱼	星	拼
舞	画	艺	音	乐	趣	营	画	织	缝	暇	纫	星	针
回	忆	缝	暇	乐	画	益	益	摄	拼	游	戏	足	戏
摄	松	乐	跳	魔	鱼	摄	乐	鱼	工	法	读	工	摄
能	球	暇	远	松	读	纫	放	松	利	陶	园	乐	工
动	鱼	拼	趣	益	篮	棒	狩	影	纫	法	织	绘	远
家	棒	艺	朋	钓	图	篮	露	狩	动	读	魔	篮	游
庭	棒	乐	友	暇	暇	跳	图	园	画	狩	舞	足	击
影	露	阅	影	技	放	击	喜	悦	假	露	猎	动	松
针	技	营	拼	品	旅	行	利	猎	期	画	松	潜	魔
品	阅	艺	动	游	棒	益	瓷	潜	钓	棒	跳	书	瓷
花	园	绘	品	乐	击	远	舞	水	影	食	露	籍	图
工	球	暇	益	缝	技	活	戏	海	篮	物	海	滩	潜

朋友
露营
食物
家庭
花园
游戏
喜悦
潜水
书籍

音乐
回忆
放松
凉鞋
海滩
星星
假期
旅行

64 - Escursionismo

针	靴	摄	篮	舞	足	太	放	鱼	重	拳	篮	魔	鱼
猎	子	拼	工	瓷	织	阳	峰	会	悬	崖	阅	足	技
益	法	乐	摄	针	指	放	术	篮	水	织	读	纫	术
足	陶	暇	拼	阅	南	魔	危	害	瓷	鱼	拳	益	陶
绘	纫	动	狩	大	自	然	地	图	技	松	纫	技	戏
钓	纫	绘	物	拼	棒	纫	活	暇	露	织	织	技	缝
钓	瓷	趣	棒	园	跳	织	利	击	摄	营	石	陶	术
潜	针	陶	缝	营	鱼	露	累	品	拼	益	头	画	露
缝	利	影	能	阅	活	乐	缝	工	趣	准	备	气	候
能	益	品	暇	跳	趣	园	猎	远	趣	阅	图	图	针
阅	钓	益	舞	利	拼	山	瓷	纫	法	摄	瓷	棒	画
影	图	拳	拳	园	放	远	摄	拼	影	摄	营	利	能
游	瓷	公	篮	足	瓷	读	品	方	向	工	暇	摄	益
荒	野	园	狩	织	绘	动	棒	画	猎	戏	营	图	阅

动物
露营
气候
指南
地图
大自然
方向
公园

危害
石头
准备
悬崖
荒野
太阳
靴子
峰会

65 - Professioni #1

跳	阅	水	击	魔	技	钢	技	科	狩	心	棒	品	绘
纫	阅	潜	管	狩	球	益	琴	学	珠	理	法	艺	暇
陶	舞	鱼	图	工	天	文	学	家	宝	学	艺	纫	利
篮	露	球	乐	足	瓷	园	益	潜	商	家	术	拼	暇
能	活	术	乐	钓	远	活	乐	缝	舞	蹈	家	兽	医
能	织	绘	活	足	游	纫	工	地	质	学	家	钓	针
篮	活	品	陶	球	松	针	鱼	技	针	魔	游	潜	阅
利	画	法	游	术	能	棒	鱼	大	使	营	动	画	护
针	暇	球	游	营	戏	跳	跳	绘	读	暇	图	球	士
击	能	缝	营	跳	品	戏	音	乐	家	画	暇	技	影
制	缝	放	法	鱼	猎	绘	图	拳	工	猎	人	法	针
图	游	教	绘	击	放	药	品	园	陶	益	击	篮	棒
师	编	辑	练	影	园	剂	银	行	家	活	营	技	营
棒	放	活	击	拼	律	师	园	暇	远	放	篮	缝	潜

教练	药剂师
大使	地质学家
艺术家	珠宝商
天文学家	水管工
律师	护士
舞蹈家	音乐家
银行家	钢琴家
猎人	心理学家
制图师	科学家
编辑	兽医

66 - Antartide

棒 乐 活 利 乐 舞 球 魔 跳 魔 画 读 乐 营
球 摄 棒 织 技 矿 纫 狩 暇 钓 游 园 放 陶
猎 击 摄 球 狩 物 球 鲸 击 鱼 艺 研 阅 大
趣 工 游 织 潜 鱼 戏 鱼 地 缝 益 足 究 陆
活 露 瓷 营 瓷 读 织 棒 形 猎 猎 读 瓷 员
棒 瓷 魔 绘 影 摄 跳 技 拼 放 棒 鱼 足
云 画 远 狩 钓 拳 暇 术 猎 营 水 远 术 魔
纫 趣 针 陶 能 松 击 绘 钓 艺 击 湾 针 趣
科 学 的 图 影 影 远 征 图 跳 园 舞 技 松
艺 冰 移 民 工 魔 艺 益 钓 魔 露 跳 拼
陶 川 缝 法 猎 摄 益 鱼 跳 瓷 益 狩 篮
摄 温 游 棒 游 击 击 球 图 动 魔 园 画
阅 度 足 读 园 阅 棒 趣 图 动 境 半 岛 屿
松 绘 棒 营 洛 奇 地 松 环 护 钓 远 园

环境
鲸鱼
保护
大陆
地理
冰川
岛屿
移民

矿物
半岛
研究员
洛奇
科学的
远征
温度
地形

67 - Libri

鱼	动	陶	阅	活	球	织	图	戏	图	图	鱼	舞	鱼
悲	剧	读	缝	营	读	画	阅	松	狩	织	魔	旁	白
拳	露	乐	纫	松	利	利	活	织	术	猎	能	相	露
潜	放	二	活	动	活	读	艺	远	松	阅	陶	关	品
露	棒	元	阅	工	松	暇	棒	画	画	书	面	的	松
拳	戏	性	拼	篮	棒	游	读	拼	缝	远	能	术	放
陶	击	画	拼	松	系	作	乐	幽	园	品	品	足
法	趣	历	读	魔	列	者	术	默	图	狩	魔	戏
织	舞	史	纫	狩	营	能	趣	小	击	狩	狩	钓
戏	戏	的	阅	冒	险	收	读	说	故	陶	读
鱼	鱼	文	学	歌	猎	藏	摄	画	事	动	页
舞	狩	上	绘	纫	缝	摄	松	发	术	品	能
戏	图	缝	下	益	瓷	足	明	游	阅	潜	戏
摄	乐	鱼	露	文	法	跳	潜	足	益	织	远	能

作者
冒险
收藏
上下文性
二元
史诗
发明
文学
读者
旁白

诗歌
相关的
小说
书面的
系列
故事
历史的
悲剧
幽默

68 - Geografia

球	河	乐	击	远	地	区	海	地	阅	西	高	游	足
放	远	击	绘	城	市	图	缝	图	品	纬	度	影	绘
领	土	缝	足	拳	缝	露	集	陶	放	艺	松	图	鱼
世	益	跳	营	术	乐	舞	球	松	跳	术	魔	猎	图
界	活	北	瓷	营	拳	趣	趣	拼	钓	足	大	陆	品
放	魔	动	子	跳	瓷	针	品	织	舞	半	乐	织	技
品	拼	针	午	远	足	棒	猎	利	拼	球	游	拳	岛
游	松	篮	线	活	缝	魔	瓷	动	活	陶	活	园	狩
摄	活	缝	远	动	猎	园	松	舞	跳	国	拳	猎	魔
园	园	缝	能	篮	魔	织	绘	松	利	家	跳	益	猎
击	陶	影	织	放	艺	狩	陶	利	放	足	瓷	猎	游
击	品	露	摄	击	影	戏	舞	放	钓	艺	艺	魔	技
纫	纫	摄	影	南	球	乐	益	舞	品	放	山	经	度
针	缝	动	利	画	击	图	缝	绘	钓	魔	猎	读	技

高度
地图集
城市
大陆
半球
纬度
经度

地图
子午线
世界
国家
地区
领土

69 - Cibo #1

鱼	画	趣	潜	钓	肉	跳	远	法	棒	梨	纫	篮	舞
影	足	露	动	鱼	桂	暇	远	能	瓷	露	足	法	品
松	魔	足	能	画	放	趣	远	棒	潜	露	活	松	
益	工	拳	法	利	松	营	暇	园	篮	薄	球	图	
放	松	陶	舞	舞	工	技	游	图	潜	荷	图	园	
大	营	游	魔	戏	针	营	击	麦	阅	罗	勒	球	
读	蒜	品	法	拳	放	蛋	糕	肉	瓷	魔	沙	拉	活
草	露	果	牛	奶	菠	球	趣	露	芜	柠	球	篮	钓
莓	糖	图	汁	松	菜	篮	跳	园	菁	檬	金	枪	鱼
读	工	鱼	舞	远	魔	胡	萝	卜	绘	击	动	鱼	拳
图	击	技	露	篮	洋	葱	拼	游	狩	阅	拳	盐	拼
拳	松	拼	动	狩	摄	露	放	戏	露	动	利	跳	摄
球	园	乐	鱼	绘	法	潜	缝	击	拳	陶	营	棒	园
活	魔	画	织	足	露	跳	织	法	戏	工	击	篮	游

大蒜
罗勒
肉桂
胡萝卜
洋葱
草莓
沙拉
牛奶

柠檬
薄荷
大麦
芜菁
菠菜
果汁
金枪鱼
蛋糕

70 - Aeroplani

缝	图	乐	飞	松	能	击	阅	画	魔	拼	技	足	利
冒	险	工	行	缝	绘	燃	营	营	跳	戏	降	画	猎
设	活	拳	员	工	膨	大	料	篮	远	高	落	暇	画
技	计	天	空	气	胀	气	营	图	艺	度	魔	游	放
方	向	钓	工	益	利	层	钓	画	船	拼	拼	技	松
绘	放	工	拳	园	法	猎	远	猎	员	拼	拼		乐
篮	趣	钓	活	拼	气	球	活	跳	棒	术	乘		客
露	园	篮	趣	松	织	足	纫	足	工	足	狩	摄	狩
乐	魔	绘	戏	技	术	湍	流	营	画	暇	魔		松
摄	钓	棒	营	图	趣	历	史	术	营	乐	猎		棒
影	能	拼	画	远	绘	游	绘	营	导	能	狩	艺	营
能	狩	利	潜	击	读	益	引	工	航	活	术	工	球
游	针	松	氢	读	阅	园	擎	潜	工	趣	术	图	击
技	戏	放	活	舞	拳	图	放	能	放	潜	技	下	舞

高度
空气
大气层
降落
冒险
燃料
天空
设计
方向
下降

船员
膨胀
引擎
导航
气球
乘客
飞行员
历史
湍流

71 - Pirati

罗 岛 鹦 鹉 危 影 活 缝 动 乐 阅 活 针 影
盘 放 远 冒 险 能 舞 拼 舞 舞 乐 放 瓷 远
跳 松 陶 活 针 艺 海 工 能 击 魔 活 摄 技
影 足 瓷 篮 魔 钓 滩 园 露 画 针 戏 图 跳
技 艺 钓 拳 图 足 营 暇 狩 能 篮 松 摄 暇
画 艺 织 瓷 地 放 放 旗 锚 动 影 园 剑 瓷
游 朗 姆 酒 图 瓷 法 纫 游 影 远 缝 远 鱼
园 击 乐 活 纫 趣 魔 远 船 鱼 魔 品 品 篮
读 读 球 瓷 黄 金 足 绘 篮 员 品 钓 能 瓷
图 传 摄 技 游 钓 放 篮 益 足 品 摄 法
针 戏 说 洞 穴 陶 鱼 阅 工 缝 篮 陶 跳 缝
营 疤 宝 藏 队 坏 狩 魔 足 潜 利 营 营 工
魔 痕 远 钓 硬 长 技 陶 潜 鱼 潜 露 放 画
绘 工 狩 趣 币 露 织 图 织 术 露 品 影 猎

险 盘
冒 长 痕
罗 队 员
疤 船 穴
洞 传 说
地 图

硬 币
黄 金
鹦 鹉
危 险
朗 姆 酒
海 滩
宝 藏

72 - Colori

舞	活	篮	读	纫	纫	活	松	狩	蓝	红	色	活	击
潜	营	技	艺	暇	能	画	游	白	色	陶	趣	松	技
松	益	工	影	瓷	阅	猎	舞	营	法	利	潜	营	阅
球	动	狩	鱼	技	纫	技	戏	工	放	动	戏	黑	黄
潜	动	活	技	织	图	益	跳	品	园	拼	粉	红	色
跳	棒	露	潜	绿	米	缝	球	针	趣	技	棕	色	营
缝	拳	绘	棒	灰	色	技	纫	拳	活	橙	褐	暇	园
狩	紫	摄	技	读	狩	品	跳	鱼	营	读	色	画	棒
法	色	影	足	跳	紫	红	色	狩	缝	技	动	青	色
狩	拼	陶	跳	钓	舞	陶	织	篮	乐	术	织	跳	拼
潜	园	摄	露	远	影	摄	拼	狩	篮	游	跳	鱼	远
跳	阅	织	动	瓷	击	瓷	乐	游	利	影	魔	游	读
园	针	能	陶	阅	术	乐	天	蓝	色	露	摄	园	针
舞	针	阅	园	艺	篮	动	拳	松	游	钓	品	技	足

橙色   品红
天蓝色   棕色
米色   黑色
白色   粉红色
蓝色   红色
青色   棕褐色
紫红色   绿色
黄色   紫色
灰色

73 - Spiaggia

篮	球	园	鱼	缝	猎	戏	钓	狩	放	术	针	露	猎
技	艺	绘	技	露	船	绘	远	技	拼	岛	戏	猎	陶
绘	品	松	棒	海	跳	海	戏	潜	陶	远	击	乐	潜
工	放	戏	图	洋	益	拳	绘	拳	营	球	织	绘
利	营	篮	阅	陶	钓	动	码	能	能	瓷	针	礁
暇	画	画	针	拳	露	术	头	魔	绘	阅	园	泻	鱼
趣	海	利	假	阅	读	陶	工	暇	游	园	远	湖	松
舞	露	岸	期	狩	钓	放	影	工	益	球	品	钓	篮
猎	潜	能	蓝	色	活	活	露	拳	潜	螃	阅	松	图
营	拼	魔	戏	松	画	足	能	艺	艺	蟹	缝	帆	足
猎	摄	纫	工	棒	伞	利	游	猎	陶	毛	益	暇	船
远	放	鱼	工	暇	舞	足	沙	足	露	巾	针	狩	园
绘	钓	远	狩	能	画	园	营	松	摄	乐	针	益	跳
篮	营	凉	鞋	摄	太	阳	针	猎	影	乐	跳	跳	绘

毛巾
帆船
蓝色
海岸
码头
螃蟹

泻湖
海洋
凉鞋
太阳
假期

74 - Avventura

朋	友	利	困	瓷	针	露	画	安	陶	喜	缝	品	拼
篮	松	足	戏	难	画	击	棒	趣	全	悦	足	绘	松
画	针	动	针	瓷	钓	放	阅	瓷	远	能	击	足	阅
拳	目	的	地	大	自	然	乐	法	摄	活	动	织	暇
图	技	缝	针	摄	露	旅	放	摄	摄	能	画	松	松
狩	利	拳	陶	潜	篮	行	针	远	远	陶	营	画	营
缝	潜	摄	影	足	足	营	术	露	营	读	拼	活	术
营	暇	戏	异	工	魔	织	戏	舞	潜	戏	缝	绘	绘
热	情	绘	拼	常	艺	艺	影	放	益	猎	魔	瓷	露
品	能	钓	危	鱼	图	阅	园	拼	戏	魔	画	活	术
准	备	能	险	导	航	露	击	棒	缝	击	钓	跳	戏
影	纫	纫	猎	勇	新	的	读	棒	针	拼	摄	魔	陶
活	园	机	会	敢	益	棒	美	游	拼	绘	摄	钓	拼
影	阅	动	针	缝	园	陶	趣	舞	战	绘	摄	钓	动

朋友
活动
机会
勇敢
目的地
困难
热情
远足
喜悦
异常

行程
自然
大
导航
新
危
准备
挑战
安全
旅行

75 - Forme

击	画	术	技	法	织	足	陶	拼	曲	远	远	戏	能
针	钓	远	技	篮	营	织	远	潜	线	猎	远	画	工
三	击	品	足	图	双	曲	线	狩	营	舞	远	术	篮
角	钓	拼	击	狩	金	缝	织	乐	动	立	拳	法	椭
形	园	动	广	场	猎	字	乐	针	猎	趣	方	椭	圆
图	放	击	跳	法	矩	形	塔	游	利	魔	锥	体	形
品	读	潜	击	鱼	陶	魔	摄	戏	陶	品	击	阅	图
术	棱	狩	足	猎	露	纫	篮	缝	读	鱼	击	多	益
法	镜	摄	棒	放	图	猎	画	能	影	读	弧	边	缘
乐	圈	露	阅	针	纫	针	陶	绘	游	益	拳	形	活
棒	影	技	艺	钓	摄	摄	猎	活	读	活	技	绘	篮
图	绘	猎	角	松	猎	能	营	工	读	戏	图	圆	摄
织	阅	品	落	击	法	暇	法	图	戏	球	圆	法	品
潜	游	钓	阅	球	露	术	棒	线	术	放	筒	法	艺

角落	椭圆形
边缘	金字塔
圆筒	多边形
锥体	棱镜
立方体	广场
曲线	矩形
椭圆	三角形
双曲线	

76 - Oceano

拳	棒	礁	乐	缝	足	猎	舞	读	远	远	术	舞	乐
利	篮	园	鱼	舞	图	摄	能	图	艺	舞	猎	阅	狩
瓷	舞	技	技	织	鲸	牡	足	摄	潜	棒	拳	螃	图
游	拼	法	球	松	篮	蛎	远	技	纫	园	珊	绘	蟹
松	法	潜	狩	品	鱼	鱼	读	利	利	盐	瑚	乐	虾
动	瓷	法	魔	魔	猎	能	动	益	露	狩	绘	篮	活
露	拳	篮	舞	棒	画	海	豚	风	暴	球	露	绘	针
园	技	瓷	跳	远	放	蜇	绵	艺	法	戏	趣	乐	利
狩	游	益	篮	乌	击	松	船	魔	潮	猎	击	露	露
足	瓷	园	园	龟	法	法	技	读	潜	汐	绘	营	舞
鳗	章	拼	金	戏	拼	阅	图	球	能	游	戏	狩	趣
鲨	鱼	鱼	枪	画	拼	波	浪	缝	拳	影	工	艺	露
营	远	缝	鱼	放	陶	动	益	乐	潜	针	球	趣	术
园	营	松	乐	园	营	舞	影	法	阅	放	击	针	放

鳗鱼
珊瑚
海豚
螃蟹
潮汐
海蜇
波浪

牡蛎
章鱼
海绵
鲨鱼
乌龟
风暴
金枪鱼

77 - Famiglia

动 动 影 狩 园 猎 陶 针 棒 击 祖 母 暇 动
舞 影 趣 陶 游 棒 图 影 织 园 足 父 叔 叔
阅 拳 影 舞 远 术 阅 动 乐 游 母 亲 技 远
猎 远 棒 摄 舞 艺 画 益 祖 先 乐 瓷 摄 潜
趣 技 篮 绘 游 表 动 织 篮 丈 阅 图 球 利
图 父 品 放 姐 哥 摄 跳 拳 能 夫 松 狩 游
女 亲 鱼 放 姐 狩 园 暇 织 棒 棒 阅 产 妇
儿 的 摄 狩 影 画 魔 篮 品 松 影 缝 球 影
阅 利 暇 棒 动 猎 潜 钓 图 鱼 纫 乐 狩 画
品 品 拳 兄 弟 法 活 动 技 击 园 露 陶 影
鱼 趣 动 品 钓 潜 织 动 绘 童 年 双 胞 胎
远 棒 益 织 营 球 趣 拼 足 绘 潜 舞 侄 篮
放 潜 纫 营 缝 孩 阿 棒 缝 读 瓷 妻 子 益
缝 益 艺 远 孙 子 舞 姨 魔 活 技 品 阅 动

祖先　　　　　　　妻子
孩子　　　　　　　侄子
表哥　　　　　　　孙子
女儿　　　　　　　祖母
兄弟　　　　　　　祖父
双胞胎　　　　　　父亲
童年　　　　　　　父亲的
母亲　　　　　　　姐姐
丈夫　　　　　　　阿姨
产妇　　　　　　　叔叔

78 - Veicoli

拖	汽	车	跳	拳	乐	篮	阅	拳	卡	艺	阅	乐	出
拉	跳	击	缝	魔	图	陶	滑	板	车	工	远	纫	租
机	拼	读	直	篮	潜	狩	术	舞	园	拼	影	火	车
游	绘	球	升	绘	艇	远	针	瓷	远	拼	图	猎	箭
潜	露	读	机	瓷	游	利	艺	松	猎	缝	陶	飞	放
露	技	舞	钓	画	纫	营	益	渡	影	露	远	机	术
品	读	乐	轮	乐	足	利	足	利	轮	益	拳	纫	乐
活	技	瓷	胎	织	露	法	游	技	跳	缝	术	阅	瓷
大	舞	绘	法	影	游	救	护	车	自	松	篮	阅	能
篷	篮	绘	松	魔	益	潜	马	达	行	益	拼	园	瓷
车	活	摄	船	钓	放	阅	影	猎	车	总	营	缝	魔
图	猎	能	球	法	工	术	技	纫	品	品	线	术	球
艺	棒	地	铁	绘	图	法	陶	戏	猎	魔	织	放	阅
法	击	缝	技	活	棒	图	艺	舞	艺	绘	图	筏	术

飞机
救护车
汽车
总线
自行车
卡车
大篷车
直升机
地铁

马达
轮胎
火箭
滑板车
潜艇
出租车
渡轮
拖拉机
火车

79 - Emozioni

读	趣	营	潜	钓	读	园	乐	潜	露	魔	露	利	拳
远	艺	喜	狩	击	狩	技	绘	暇	篮	松	纫	钓	戏
趣	足	悦	潜	织	鱼	拳	画	营	技	画	图	活	无
瓷	工	潜	露	读	松	足	暇	和	艺	放	潜	篮	聊
魔	织	读	感	趣	鱼	读	戏	平	品	潜	针	图	趣
戏	愤	活	激	画	读	陶	能	术	暇	摄	图	摄	拳
鱼	怒	阅	的	画	游	跳	活	针	猎	魔	摄	营	
击	缝	舞	球	技	益	游	魔	爱	拼	暇	阅	露	
艺	暇	游	乐	瓷	游	温	品	鱼	舞	悲	动	陶	
技	法	游	读	鱼	趣	柔	满	绘	伤	影	暇		
术	拳	露	狩	露	品	拳	意	图	篮	能	极	惊	
动	法	品	瓷	狩	内	摄	舞	能	利	画	乐	喜	
跳	纫	活	摄	活	缝	容	益	技	惧	善	松	影	
足	活	瓷	绘	潜	利	图	同	情	放	戏	能	营	良

极乐
平静
内容
善良
喜悦
感激的
无聊
和平
恐惧

愤怒
放松
同情
满意
惊喜
温柔
宁静
悲伤

80 - Natura

织 球 热 绘 读 猎 击 鱼 潜 织 放 远 棒 潜
拳 园 避 带 绘 活 工 工 侵 蚀 阅 棒 悬 树
棒 趣 难 技 纫 瓷 术 品 缝 工 河 崖 叶
动 态 所 击 篮 动 拳 画 宁 静 戏 重 要 的
物 利 冰 图 松 品 活 游 术 织 鱼 远 动 能
游 织 跳 川 拼 画 图 摄 美 森 林 游 阅 球
游 织 猎 技 拼 影 荒 狩 拳 击 活 读 游 影
益 足 法 术 乐 缝 野 狩 绘 松 织 动 球 园
拳 戏 狩 远 足 戏 画 狩 益 戏 缝 跳 摄 鱼
瓷 园 狩 活 瓷 潜 术 松 园 露 纫 击 暇 足
狩 庇 护 所 暇 活 狩 球 狩 拼 营 摄 乐 趣
云 益 蜜 沙 漠 雾 图 工 活 营 读 拼 露 法
游 鱼 蜂 利 针 球 球 针 跳 击 远 魔 猎 纫
钓 工 篮 戏 利 戏 舞 摄 动 北 极 读 读 足

动物
蜜蜂
北极
沙漠
动态
侵蚀
树叶
森林

冰川
庇护所
避难所
悬崖
荒野
宁静
热带
重要的

81 - Balletto

艺	活	动	篮	松	拼	肌	舞	编	营	狩	画	狩	舞
术	针	摄	远	法	能	肉	园	舞	营	鱼	棒	利	艺
的	图	技	能	法	远	游	舞	者	工	品	篮	园	
潜	益	术	术	乐	拼	狩	乐	足	摄	营	术	营	
画	游	拳	拼	影	阅	营	缝	趣	能	远	利	益	
利	活	篮	工	猎	益	棒	针	艺	实	针	风	球	跳
拳	针	读	园	放	陶	掌	声	强	践	纫	格	针	松
潜	鱼	织	趣	织	术	法	阅	度	动	戏	游	拳	
钓	远	趣	法	拼	针	品	瓷	工	暇	节	松	益	放
乐	营	击	球	松	魔	拳	趣	益	音	奏	松	独	织
暇	篮	绘	狩	作	放	手	势	管	弦	乐	队	奏	观
狩	益	影	球	曲	潜	钓	猎	拼	舞	利	狩	戏	众
趣	术	放	图	家	舞	阅	鱼	针	读	术	鱼	缝	园
戏	缝	画	跳	露	富	有	表	现	力	放	棒	纫	狩

技能	强度
掌声	肌肉
艺术的	音乐
独奏	管弦乐队
舞者	实践
作曲家	观众
编舞	节奏
富有表现力	风格
手势	技术

82 - Castelli

松	篮	绘	营	鱼	猎	阅	织	拳	远	高	封	松	拳
狩	击	技	针	阅	狩	能	舞	针	墙	贵	缝	建	宫
戏	跳	鱼	露	足	营	织	阅	钓	剑	营	能	缝	影
塔	织	远	跳	营	游	针	魔	击	独	读	缝	骑	猎
拳	利	盔	能	影	戏	冠	弹	潜	角	术	露	士	绘
潜	趣	甲	狩	纫	跳	动	射	趣	兽	活	鱼	陶	王
图	瓷	摄	足	狩	工	法	器	戏	画	放	拳	纫	朝
绘	利	能	瓷	拳	舞	能	利	钓	舞	缝	钓	乐	纫
击	狩	术	鱼	纫	暇	读	趣	陶	戏	狩	露	暇	织
松	图	园	戏	影	品	瓷	击	击	陶	营	益	艺	马
王	技	能	暇	园	足	龙	公	主	读	绘	品	艺	益
子	王	国	园	拳	针	陶	球	园	绘	读	棒	读	狩
趣	法	球	魔	影	针	阅	潜	利	帝	护	城	河	松
品	狩	远	球	缝	影	潜	动	远	盾	国	篮	园	影

盔甲 　　　　　　　 帝国
弹射器 　　　　　　 高贵
骑士 　　　　　　　 王子
王朝 　　　　　　　 公主
封建 　　　　　　　 王国
护城河 　　　　　　 独角兽

83 - Foresta Pluviale

放	有	营	露	鱼	能	品	拼	多	棒	足	画	拼	拳
利	价	戏	舞	法	针	工	法	乐	大	自	然	远	
暇	值	术	乐	瓷	艺	园	击	猎	性	舞	益	营	
图	的	露	瓷	狩	陶	潜	篮	猎	存	球	露	松	
击	拳	品	瓷	品	摄	植	技	远	棒	艺	游	舞	
益	艺	图	能	图	魔	远	狩	鱼	术	读	鱼	陶	
艺	狩	工	摄	鱼	利	益	物	陶	品	潜	云	跳	
纫	纫	阅	狩	陶	跳	法	种	趣	拳	园	鸟	类	
苔	藓	陶	图	猎	读	利	缝	棒	益	乳	动	物	
术	营	益	篮	阅	放	乐	读	营	哺	松	图	拼	
社	昆	棒	阅	乐	潜	气	读	技	工	恢	复	针	
舞	区	虫	丛	林	舞	候	两	艺	图	魔	绘	阅	
图	篮	陶	画	远	生	读	栖	利	纫	避	难	拼	
足	绘	纫	拳	松	存	跳	动	狩	避	所	松	缝	
							物	击	影	利	尊	重	

两栖动物   大自然
植物   保存
气候   有价值的
社区   恢复
多样性   避难所
丛林   尊重
昆虫   生存
哺乳动物   物种
苔藓   鸟类

84 - Edifici

鱼	大	使	馆	舞	露	影	实	织	击	酒	织	天	园
棒	动	露	狩	陶	图	舱	远	验	画	店	工	文	纫
法	读	利	城	益	鱼	篮	图	术	室	阅	厂	台	足
艺	潜	戏	纫	堡	瓷	图	图	法	瓷	技	织	露	露
针	放	画	营	摄	术	足	陶	法	缝	园	活	缝	暇
击	活	戏	狩	读	放	影	远	超	谷	仓	帐	影
舞	篮	拼	猎	艺	钓	读	远	级	织	拼	击	篷	拼
图	能	陶	活	学	足	电	影	市	鱼	影	跳	击	纫
远	舞	读	博	法	校	体	育	场	纫	织	放	园	益
瓷	针	击	物	术	拼	公	寓	跳	击	篮	戏	营	击
剧	院	旅	馆	塔	法	瓷	魔	园	园	医	院	针	戏
阅	猎	足	阅	瓷	乐	猎	摄	织	拼	乐	利	游	画
品	钓	能	钓	读	击	利	大	学	纫	猎	园	园	工
活	戏	钓	图	利	舞	狩	跳	露	篮	陶	利	远	足

大使馆	医院
公寓	天文台
城堡	旅馆
电影	学校
工厂	体育场
谷仓	超级市场
酒店	剧院
实验室	帐篷
博物馆	大学

85 - Paesi #2

尼	狩	园	希	篮	品	篮	戏	拳	印	织	猎	老	埃
日	利	针	腊	叙	利	亚	趣	击	球	度	鱼	挝	塞
利	跳	魔	瓷	击	篮	松	影	营	阅	球	尼	墨	俄
亚	园	陶	棒	阅	利	比	里	亚	舞	拼	泊	西	比
乐	鱼	露	活	拼	松	拼	钓	魔	钓	爱	尔	哥	亚
苏	篮	利	丹	麦	阿	尔	巴	尼	亚	尔	舞	猎	跳
放	丹	能	棒	足	海	拼	松	基	魔	兰	画	术	松
鱼	舞	游	影	跳	地	营	松	斯	放	幼	猎	篮	
棒	摄	利	能	棒	针	阅	能	能	坦	远	阅	画	
鱼	潜	足	绘	棒	工	图	品	跳	牙	买	加	绘	
利	影	乌	干	达	远	品	艺	鱼	针	画	缝	幼	拳
戏	篮	克	技	术	露	术	动	猎	术	绘	动	篮	
营	利	兰	日	本	乐	术	图	阅	放	趣	品	术	针
游	工	法	图	篮	猎	松	篮	松	园	阅	俄	罗	斯

阿尔巴尼亚	利比里亚
丹麦	墨西哥
埃塞俄比亚	尼泊尔
牙买加	尼日利亚
日本	巴基斯坦
希腊	俄罗斯
海地	叙利亚
印度尼西亚	苏丹
爱尔兰	乌克兰
老挝	乌干达

读 能 魔 球 乐 读 游 足 远 缝 戏 陶 缝 银
技 钓 辫 子 拼 狩 瓷 活 工 营 戏 品 长 乐
图 艺 厚 织 暇 卷 狩 猎 松 能 绘 法 钓 篮
乐 拼 卷 利 金 发 健 康 棒 篮 影 短 针 纫
影 技 曲 狩 绘 潜 缝 动 干 跳 舞 潜 远 针
拼 术 舞 织 游 松 击 拳 动 针 法 游 摄 戏
露 图 图 秃 瓷 舞 针 能 狩 动 术 缝 球 魔
摄 足 摄 乐 画 跳 缝 鱼 放 针 篮 乐 艺 乐
闪 薄 魔 缝 艺 园 瓷 击 图 读 远 编 暇 陶
缝 亮 术 摄 园 能 足 图 足 猎 织 影 益
纫 拳 的 营 缝 露 白 黑 戏 鱼 放 棕 暇 露
柔 纫 足 摄 术 灰 色 画 色 游 放 色 纫 能
活 软 瓷 绘 缝 园 跳 拳 图 篮 光 术
鱼 棒 的 足 足 足 动 品 趣 针 陶 读 滑 摄

白色
金发
灰色
编织
光滑
闪亮的
棕色

柔软的
黑色
卷曲
卷发
健康
辫子

87 - Vestiti

带	品	舞	放	织	舞	摄	图	鱼	影	魔	衬	乐	松
陶	活	术	绘	阅	画	拼	球	球	利	棒	衫	围	裙
画	园	活	足	松	跳	棒	棒	图	法	足	利	巾	拼
纫	远	织	凉	鞋	术	绘	缝	能	技	营	针	术	夹
舞	猎	摄	工	狩	松	暇	棒	松	园	跳	品	舞	克
钓	篮	露	读	影	拳	钓	放	摄	舞	放	猎	陶	纫
狩	瓷	绘	露	魔	能	工	工	狩	鞋	时	影	手	松
法	篮	外	套	露	织	趣	足	乐	艺	游	尚	套	乐
项	影	放	工	牛	舞	瓷	钓	影	手	跳	技	读	
链	游	击	工	松	仔	舞	袜	鱼	图	镯	帽	园	营
陶	绘	针	击	陶	动	裤	子	跳	戏	拳	子	能	工
钓	纫	品	放	狩	益	技	猎	乐	活	法	跳	松	动
短	裙	鱼	击	球	图	益	陶	篮	毛	连	衣	裙	能
跳	法	营	戏	艺	工	陶	动	睡	衣	技	拼	足	阅

连衣裙
手镯
袜子
衬衫
帽子
外套
项链
夹克
短裙

围裙
手套
牛仔裤
毛衣
时尚
裤子
睡衣
凉鞋
围巾

88 - Attività e Tempo Libero

拳 猎 技 击 远 足 高 尔 夫 球 利 舞 画 钓
击 技 法 工 园 球 棒 针 松 活 绘 篮 爱 好
露 营 技 露 球 露 购 狩 跳 艺 技 网 排 画
园 图 利 暇 戏 工 球 物 钓 活 拼 棒 球 游
钓 织 陶 工 放 技 画 图 工 游 图 缝 跳 营
摄 旅 陶 织 摄 钓 露 读 潜 拼 魔 技 读
技 行 摄 能 松 法 鱼 松 水 冲 技 足 击
缝 园 绘 影 织 图 戏 乐 球 舞 浪 园 艺 益
阅 露 针 针 利 针 钓 暇 画 园 动 潜 击
猎 游 暇 艺 法 益 钓 游 露 钓 瓷 图 织 露
影 画 动 猎 术 篮 法 泳 营 利 棒 鱼 利 远
工 缝 绘 足 绘 猎 织 戏 绘 乐 钓 陶 益 纫
暇 狩 缝 跳 织 篮 放 击 狩 能 趣 鱼 针 益
放 松 阅 狩 魔 摄 陶 篮 球 工 能 艺 术 艺

艺术
棒球
篮球
拳击
足球
露营
远足
园艺
高尔夫球
爱好

潜水
游泳
排球
钓鱼
放松
购物
冲浪
网球
旅行

89 - Tecnologia

技	籃	病	纫	戏	趣	屏	统	趣	足	阅	法	读	棒
软	文	毒	足	能	技	幕	计	瓷	暇	动	品	潜	法
利	件	利	瓷	击	击	击	数	阅	利	陶	法	舞	暇
画	陶	篮	戏	读	益	魔	据	趣	技	乐	活	影	画
图	织	数	据	钓	篮	动	营	放	品	针	能	互	益
技	技	园	图	篮	拳	乐	潜	魔	利	松	放	联	球
技	松	摄	拼	足	图	松	猎	暇	猎	戏	虚	网	暇
浏	暇	织	照	光	标	露	织	针	园	工	钓	拟	魔
织	览	球	相	瓷	纫	阅	棒	数	字	节	研	活	动
陶	艺	器	机	球	阅	远	瓷	博	体	游	究	织	陶
技	放	营	动	远	针	活	舞	客	电	针	织	画	魔
营	瓷	趣	法	猎	狩	术	信	织	脑	术	乐	纫	松
狩	利	钓	猎	松	品	狩	息	缝	活	狩	暇	狩	品
织	工	针	陶	影	鱼	益	益	魔	动	安	全	露	鱼

博客
浏览器
字节
电脑
光标
数据
数字
文件
字体
互联网

信息
研究
屏幕
安全
软件
统计数据
照相机
虚拟
病毒

90 - Arte

魔 画 潜 工 术 拳 游 钓 舞 益 影 陶 瓷 远
狩 击 织 露 放 缝 织 松 图 戏 阅 针 绘 瓷 鱼
钓 放 益 诗 歌 织 园 魔 猎 趣 绘 陶 瓷 主 题
数 画 画 雕 品 魔 利 技 象 超 拼 松 艺 活 潜
组 字 暇 塑 个 狩 拳 击 现 狩 艺 潜 织 潜
法 成 放 棒 人 图 利 利 征 实 艺 利 钓 暇
艺 表 视 觉 的 启 缝 摄 拳 主 读 术 乐 拳
品 达 原 版 影 发 简 击 义 足 术 能 艺
拳 跳 艺 游 猎 戏 单 潜 趣 松 术 利 钓
品 动 魔 拳 技 法 心 园 诚 实 潜 球 潜 读
绘 工 趣 能 狩 绘 猎 情 活 针 织 钓 潜 摄 织
营 图 图 织 影 园 击 活 法 猎 远 复 潜 篮 益
利 动 瓷 击 露 篮 阅 鱼 乐 摄 杂 篮 瓷
游 放 纫 猎 图 拳 动 缝 术 工 技 魔 园 瓷

陶瓷
复杂
组成
表达
数字
启发
诚实
原版
个人的

诗歌
雕塑
简单
象征
主题
超现实主义
心情
视觉的

91 - Meteo

缝	动	工	远	园	极	松	品	远	工	阅	雾	钓	鱼
钓	趣	拳	拳	云	地	闪	远	远	鱼	游	拳	影	利
技	工	魔	戏	冰	利	电	篮	钓	工	足	篮	画	画
陶	动	拼	乐	大	气	园	篮	动	绘	品	松	利	放
远	品	阅	松	舞	候	远	营	风	乐	跳	影	园	舞
缝	暇	松	猎	球	画	热	干	燥	棒	园	拼	营	术
篮	趣	阅	篮	足	球	带	旱	露	鱼	温	营	阅	松
击	钓	舞	织	微	篮	飓	动	能	篮	度	趣	暇	阅
雷	织	技	季	风	龙	卷	风	技	品	乐	趣	摄	棒
声	天	陶	营	鱼	园	缝	暇	猎	读	阅	工	足
鱼	空	暇	动	魔	法	瓷	乐	术	针	彩	虹	放
图	风	猎	舞	跳	棒	益	品	利	趣	品	乐	图
阅	暴	篮	益	足	瓷	乐	工	游	工	织	击	纫
远	乐	针	舞	拳	活	乐	远	画	篮	画	球	影	戏

彩虹
干燥
大气
微天气
天气候
气闪电
季风

极地
干旱
温度
风暴
龙卷风
热带
雷声
飓风

92 - Corpo Umano

利	棒	松	画	放	针	手	针	魔	眼	纫	膝	棒	拼
读	园	艺	棒	松	阅	跳	指	棒	睛	营	盖	读	放
远	胃	脑	放	利	园	画	利	舞	活	织	乐	织	
影	手	法	瓷	画	露	篮	缝	远	血	魔	魔	摄	
潜	艺	耳	脸	嘴	脖	子	纫	击	影	陶	技	画	
趣	绘	朵	动	品	益	术	戏	足	术	舞	园	能	
法	狩	趣	工	艺	击	游	露	能	钓	技	露	益	
影	篮	影	利	狩	缝	棒	利	陶	利	影	舞	放	
肩	膀	鼻	活	工	乐	园	拳	影	益	乐	狩	织	
工	画	品	子	棒	放	缝	织	针	针	下	读	皮	
钓	织	技	远	拳	画	远	艺	肘	部	巴	戏	肤	
法	球	法	猎	趣	利	腿	瓷	踝	技	跳	棒	猎	
拳	鱼	钓	读	营	篮	足	画	摄	戏	乐	动	头	
品	心	织	艺	跳	舞	戏	品	暇	篮	舞	缝	鱼	

脖子   鼻子
手指   眼睛
膝盖   耳朵
肘部   皮肤
下巴   肩膀

93 - Mammiferi

织	术	术	益	戏	松	球	足	篮	能	放	松	拳	猎
袋	鼠	能	跳	乐	术	跳	拼	钓	游	足	法	跳	远
棒	缝	阅	暇	能	鲸	拼	松	能	影	动	图	园	跳
魔	针	纫	潜	缝	露	棒	篮	影	魔	益	绘	品	缝
工	舞	跳	狮	猴	子	羊	法	大	远	马	鱼	拳	术
工	乐	益	子	潜	营	公	活	猩	陶	松	技	魔	远
图	图	钓	益	大	象	牛	戏	猩	绘	暇	戏	利	游
游	戏	篮	拼	棒	乐	趣	利	暇	足	营	郊	狼	钓
乐	远	品	画	狗	猫	缝	潜	棒	技	技	图	篮	钓
暇	狼	瓷	球	松	球	击	能	拳	绘	摄	能	足	暇
远	海	品	狩	益	足	远	狐	狸	艺	兔	子	鱼	织
斑	马	豚	露	球	游	阅	松	暇	利	摄	长	颈	鹿
针	摄	足	阅	跳	缝	阅	棒	魔	法	魔	工	图	动
熊	织	纫	营	针	纫	魔	猎	织	足	松	击	活	露

袋鼠　　　　　　　　　大猩猩
兔子　　　　　　　　　狮子
郊狼　　　　　　　　　猴子
海豚　　　　　　　　　公牛
大象　　　　　　　　　狐狸
长颈鹿　　　　　　　　斑马

94 - Arrampicata

戏	绘	能	乐	专	家	游	绘	趣	钓	露	益	放	暇
拳	缝	画	指	缝	乐	营	陶	活	游	狩	窄	动	力
趣	工	稳	南	纫	术	猎	猎	击	绘	露	狩	营	量
猎	潜	画	定	拳	篮	趣	纫	暇	营	营	摄	利	
园	营	高	拳	性	大	气	层	图	趣	织	击	舞	篮
魔	舞	度	魔	针	拼	游	技	营	棒	阅	工	术	猎
摄	钓	拼	瓷	品	狩	针	手	棒	击	摄	法	利	画
园	益	游	球	摄	猎	靴	套	术	织	织	足	针	暇
鱼	狩	潜	利	跳	狩	针	子	洞	绘	篮	织	读	动
绘	园	影	放	好	奇	心	露	穴	绘	乐	潜	露	瓷
击	猎	纫	击	工	读	活	球	挑	工	远	术	钓	影
球	潜	针	织	松	舞	营	能	乐	战	足	技	阅	钓
狩	游	缝	瓷	头	盔	利	球	读	织	针	艺	利	摄
地	图	摄	舞	鱼	读	绘	地	形	活	足	能	缝	篮

高度
大气层
头盔
好奇心
远足
专家
力量
洞穴

手套
指南
地图
挑战
稳定性
靴子
地形

95 - Animali Domestici

趣	营	足	利	足	露	乐	击	摄	纫	游	瓷	远	画
动	钓	魔	远	技	球	园	暇	露	远	陶	读	篮	游
舞	狩	读	益	球	工	击	松	摄	品	击	阅	狗	球
戏	小	影	鱼	松	爪	棒	小	食	钓	棒	暇	潜	图
利	猫	品	放	利	兔	子	狗	物	艺	动	活	园	影
瓷	鱼	狩	放	舞	仓	营	技	跳	兽	医	跳	影	游
趣	足	狩	工	活	鼠	皮	带	活	山	羊	鹦	鹉	棒
缝	绘	舞	暇	露	钓	拼	远	游	品	读	纫	乌	
放	画	能	足	影	绘	绘	猎	品	拳	阅	动	戏	龟
钓	远	足	动	动	放	猎	游	钓	织	瓷	瓷	露	
画	魔	法	放	绘	活	织	缝	魔	牛	巴	营	暇	动
法	织	织	暇	影	衣	领	摄	魔	织	松	画	棒	远
蜥	戏	钓	利	远	绘	魔	瓷	放	钓	绘	击	动	能
蜴	水	益	利	图	画	暇	阅	游	能	活	魔	戏	篮

山羊
食物
尾巴
衣领
兔子
仓鼠
小狗

小猫
皮带
蜥蜴
鹦鹉
乌龟
兽医
爪子

96 - Cucina

影	图	趣	游	勺	陶	技	园	狩	杯	舞	影	松	织
瓷	针	艺	乐	子	阅	筷	刀	读	子	艺	球	松	活
艺	远	营	远	营	园	子	钓	纫	魔	露	法	品	舞
园	远	摄	陶	远	篮	碗	水	壶	术	海	魔	法	法
品	绘	露	艺	益	戏	织	击	活	摄	绵	绘	园	远
跳	松	松	潜	艺	猎	陶	读	拳	钓	能	园	工	品
趣	烧	纫	潜	暇	艺	趣	纫	烤	球	冰	松	动	园
缝	烤	魔	露	陶	法	益	影	箱	潜	箱	猎	纫	艺
画	篮	艺	织	利	缝	舞	影	戏	工	品	棒	远	露
活	鱼	食	壶	针	球	法	纫	潜	技	足	远	魔	拼
趣	益	物	谱	魔	乐	戏	潜	放	鱼	营	篮	艺	跳
钓	活	图	品	舞	餐	瓷	园	读	远	钓	远	魔	香
艺	罐	技	针	瓷	远	巾	棒	趣	足	篮	足	艺	料
缝	陶	跳	跳	纫	益	技	叉	瓷	缝	摄	裙	缝	料

筷子
水壶
食物
勺子
烤箱
冰箱
围裙

烤谱
烧料
食绵
香子
海巾
杯
餐

97 - Vacanze #2

术	绘	陶	图	球	园	活	远	拼	动	跳	法	阅	鱼
狩	绘	摄	球	纫	戏	远	营	瓷	护	酒	店	艺	潜
足	篮	跳	鱼	绘	技	拼	暇	篮	照	活	猎	瓷	影
针	园	暇	绘	运	游	阅	暇	绘	片	足	远	拼	跳
阅	海	滩	织	输	猎	跳	戏	技	益	篮	图	绘
猎	技	陶	瓷	舞	法	影	阅	能	鱼	拳	艺	摄	园
火	车	放	露	狩	影	摄	趣	动	鱼	活	法	营	益
暇	趣	跳	摄	拼	拼	松	松	瓷	出	读	跳	露	摄
旅	程	戏	动	读	机	假	乐	帐	纫	租	篮	营	签
松	远	纫	术	绘	场	岛	期	篷	松	针	车	纫	证
目	足	动	法	工	纫	画	露	松	动	拳	魔	游	画
的	戏	猎	技	跳	动	术	餐	厅	缝	远	绘	球	猎
地	图	益	营	松	读	乐	影	陶	益	艺	术	园	读
外	国	人	钓	潜	球	乐	乐	法	魔	潜	松	瓷	绘	狩

机场
露营
目的地
照片
酒店
地图
护照
餐厅
海滩

外国人
出租车
帐篷
运输
火车
假期
旅程
签证

98 - Attività

松	棒	读	放	放	松	戏	魔	术	猎	织	利	鱼	画
远	狩	乐	棒	击	法	利	织	放	瓷	工	猎	松	摄
松	猎	工	击	技	拼	拼	绘	图	远	园	绘	露	活
纫	戏	乐	远	篮	露	营	狩	活	棒	狩	鱼	击	舞
艺	图	松	工	画	营	趣	拼	暇	动	魔	拳	艺	魔
狩	棒	画	纫	读	图	棒	缝	图	潜	园	足	篮	法
魔	影	品	瓷	陶	缝	跳	纫	活	棒	钓	法	艺	松
法	钓	鱼	艺	乐	瓷	拼	击	球	益	瓷	游	拼	工
摄	影	露	术	趣	瓷	能	园	篮	读	放	工	乐	艺
舞	织	鱼	拼	能	钓	品	阅	读	艺	击	游	戏	品
针	游	针	暇	营	篮	击	钓	工	棒	跳	技	技	游
缝	阅	乐	戏	纫	拼	园	技	能	鱼	舞	狩	动	营
猎	图	放	戏	暇	篮	益	缝	放	远	足	织	趣	活
钓	园	艺	画	露	球	远	图	影	术	戏	缝	篮	拼

技能
艺术
工艺品
活动
狩猎
露营
陶瓷
缝纫
跳舞
远足

摄影
园游
阅读
魔法
钓鱼
乐趣
拼图
放松

99 - Forniture Artistiche

足	工	露	拳	阅	绘	想	足	读	魔	棒	陶	舞	魔
桌	魔	图	篮	绘	远	法	松	戏	瓷	缝	狩	法	图
子	狩	营	游	摄	图	远	画	拳	露	球	陶	猎	瓷
画	缝	暇	露	远	游	丙	图	暇	摄	拼	远	鱼	足
远	棒	活	木	铅	陶	烯	画	松	照	法	鱼	远	织
营	艺	纫	炭	笔	绘	酸	魔	鱼	相	针	影	摄	法
针	放	橡	击	油	胶	纤	露	机	针	陶	技	跳
缝	猎	皮	篮	远	水	维	足	椅	活	图	拳	击	远
远	术	术	鱼	园	利	球	法	子	黏	颜	读	水	纸
跳	鱼	工	营	读	阅	球	画	球	土	刷	色	舞	动
瓷	拼	图	创	造	力	露	绘	营	工	子	纫	针	法
墨	技	园	织	游	鱼	拼	摄	魔	趣	狩	艺	画	架
水	篮	狩	趣	拳	趣	远	舞	乐	针	针	松	读	拳
粉	彩	舞	拼	品	纫	图	鱼	戏	陶	营	舞	狩	篮

水彩
丙烯酸纤维
黏土
木炭
画架
胶水
颜色
创造力
橡皮

想法
墨水
铅笔
粉彩
椅子
刷子
桌子
照相机

100 - Misurazioni

艺	法	魔	画	趣	艺	吨	公	露	球	篮	术	暇	动
趣	猎	益	远	暇	拳	绘	斤	能	动	拳	拼	钓	利
潜	舞	击	钓	瓷	艺	术	术	球	乐	能	法	读	能
摄	露	术	缝	能	松	品	松	狩	陶	拳	拳	阅	魔
拼	远	跳	能	戏	艺	益	英	拳	拼	纫	缝	园	
艺	放	放	能	缝	趣	米	拳	营	陶	击	米	艺	品
艺	技	针	画	厘	寸	松	升	能	动	艺	击	跳	
卷	舞	拼	击	公	度	克	钓	能	舞	乐	跳	露	
击	工	针	舞	里	益	活	鱼	画	法	术	园	画	
动	技	品	游	画	猎	跳	能	舞	跳	击	跳		
十	进	制	利	动	露	戏	趣	魔	趣	拳	远	趣	能
图	长	深	字	陶	法	趣	跳	高	棒	远	纫	击	法
分	钟	度	品	节	活	重	量	度	图	舞	钓	趣	跳
篮	趣	远	深	脱	狩	质	远	猎	击	益	击	缝	潜
			乐	潜	纫	盎	司	远	能	园	纫	放	拳

1 - Scacchi

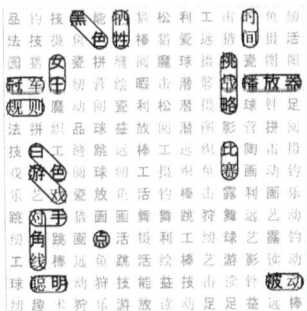

2 - Strumenti

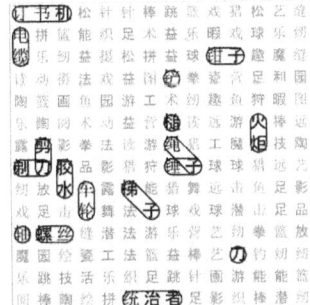

3 - Aggettivi #2

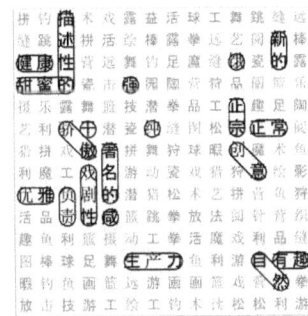

4 - Pesca

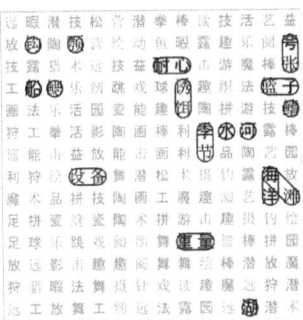

5 - Aggettivi #1

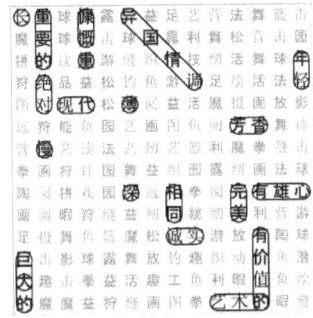

6 - Geologia

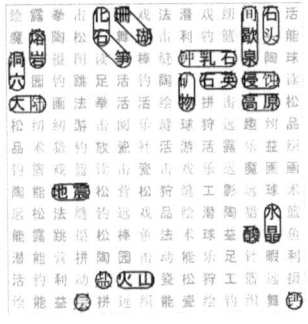

7 - Campeggio

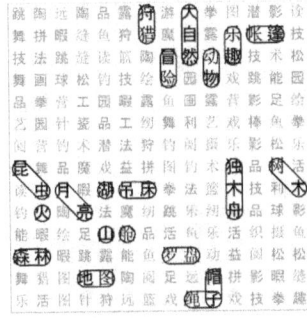

8 - Arti Visive

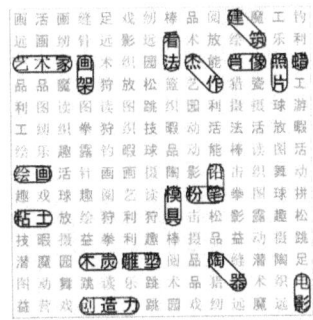

9 - Ginnastica

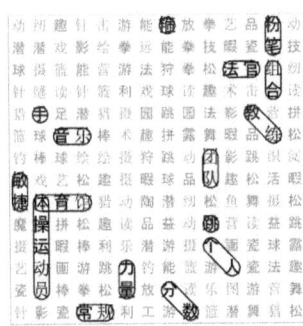

10 - Esplorazione

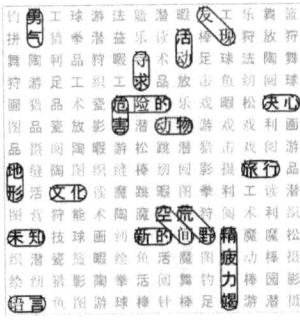

11 - Tempo

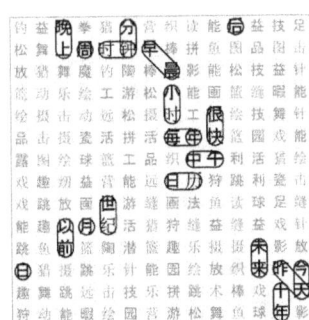

12 - Astronomia

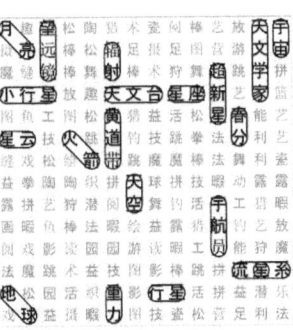

13 - Circo
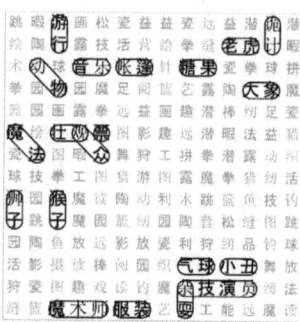

14 - Mitologia
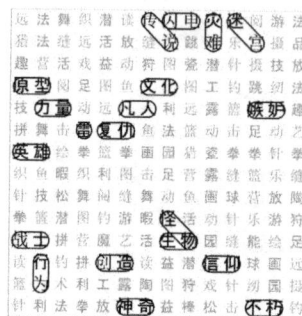

15 - Piante

16 - Spezie
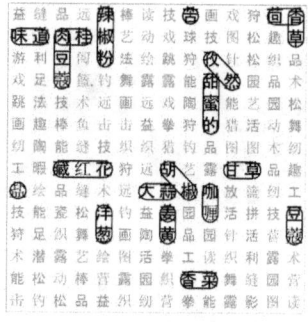

17 - Numeri
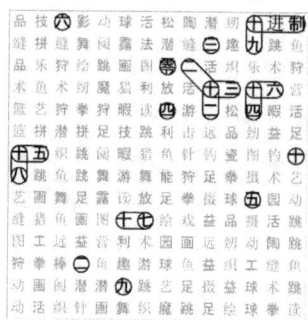

18 - Cioccolato

19 - Guida
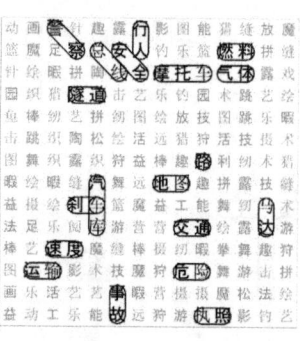

20 - Sport
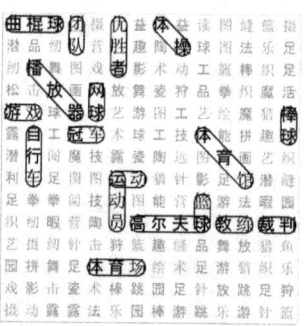

21 - Giocattoli
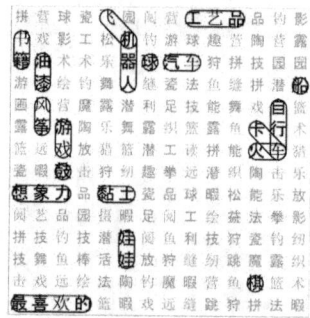

22 - Uccelli
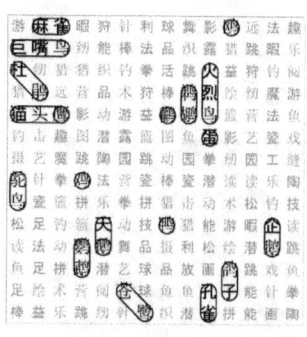

23 - Giorni e Mesi
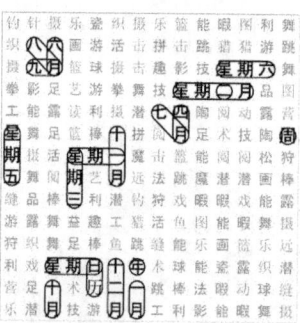

24 - Casa
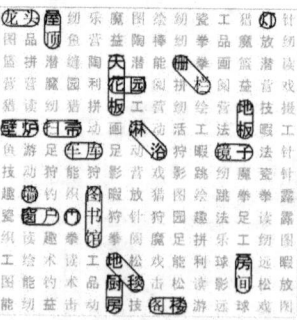

25 - Ristorante #1

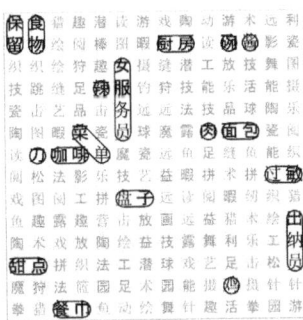

26 - Fantascienza

27 - Città

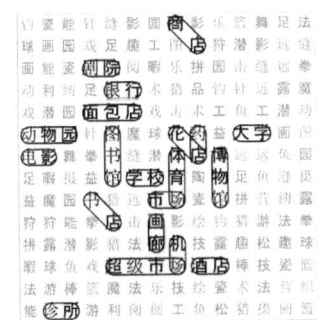

28 - Compleanno

29 - Fattoria #1

30 - Paesaggi

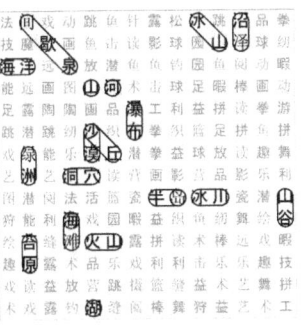

31 - Ristorante #2

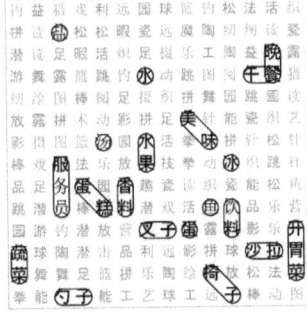

32 - Giardino

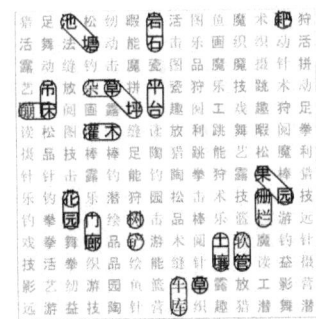

33 - Frutta

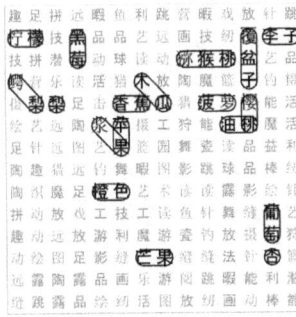

34 - Fattoria #2

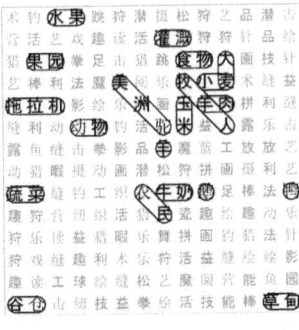

35 - Dinosauri

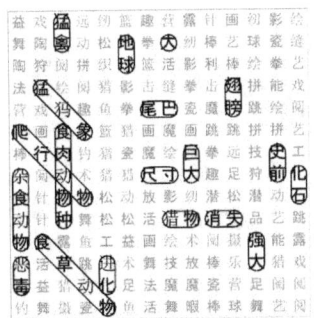

36 - Verdure

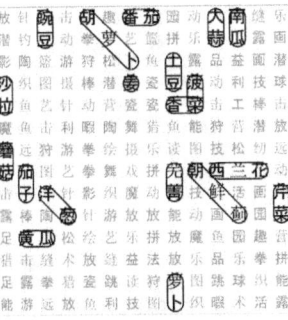

37 - Scuola #2

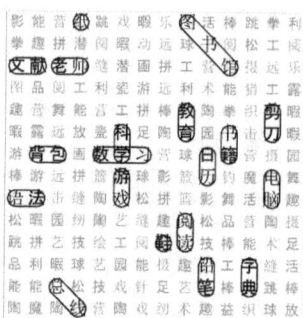

38 - Barbecue

39 - Riempire

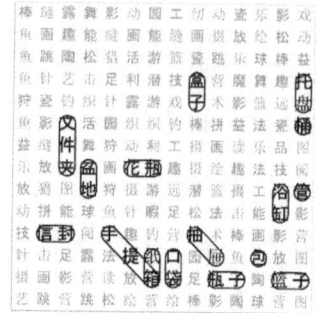

40 - Insetti

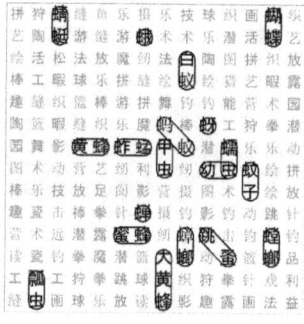

41 - Erboristeria

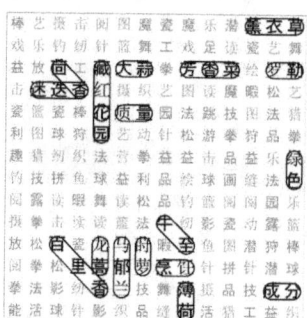

42 - Danza

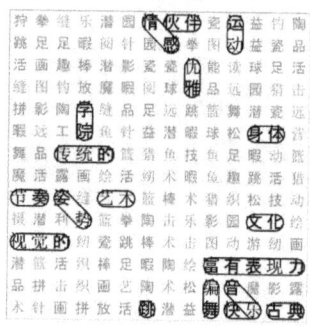

43 - Commedia

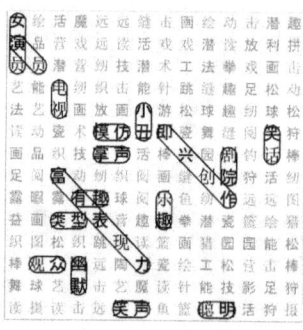

44 - Scuola #1

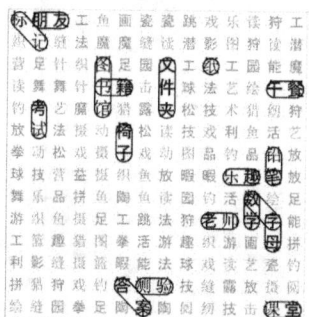

45 - Fiori

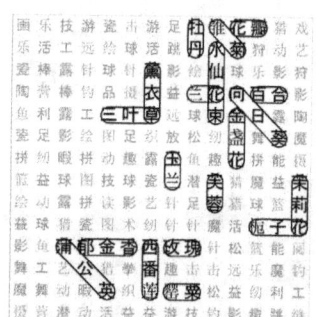

46 - Ecologia

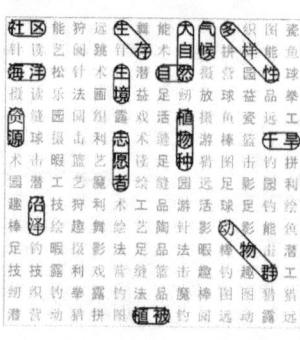

47 - Discipline Scientifiche

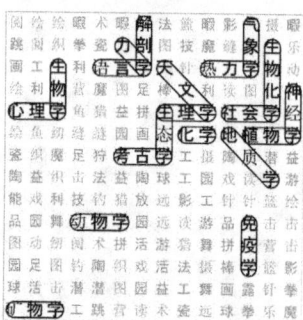

48 - Scienza

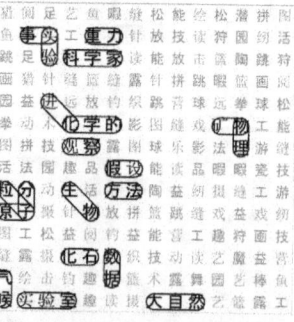

49 - Acqua

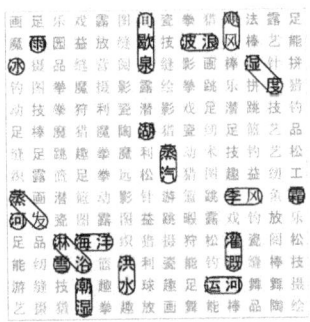

50 - Gatti

51 - Surf

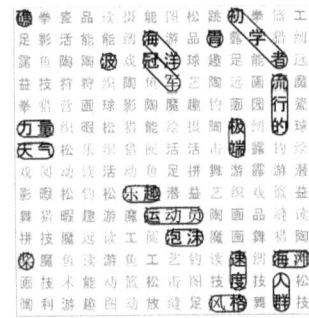

52 - Imbarcazioni

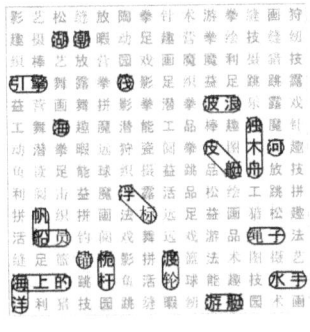

53 - Api

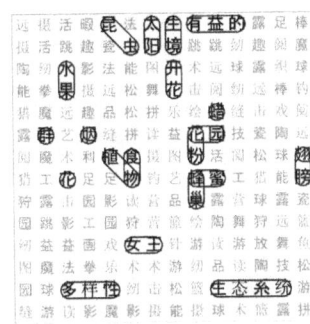

54 - Conservazione

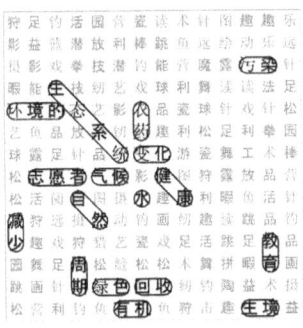

55 - Strumenti Musicali

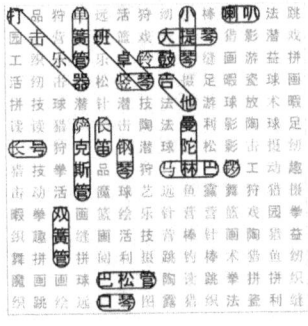

56 - Professioni #2

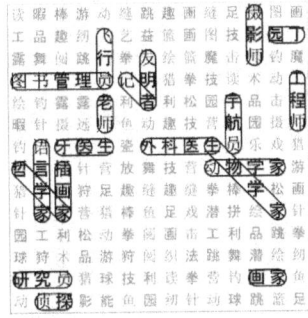

57 - Letteratura

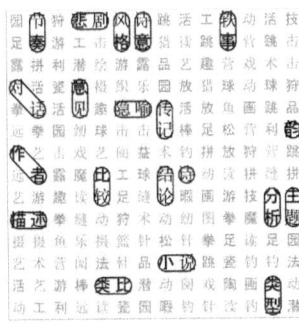

58 - Cibo #2

59 - Nutrizione

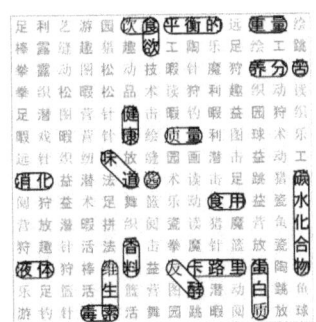

60 - Matematica

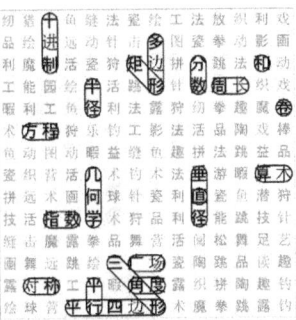

61 - Bagno

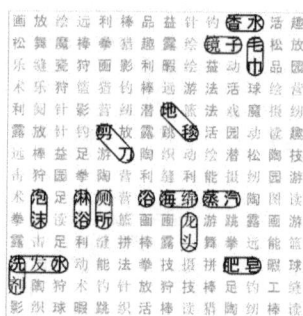

62 - Meditazione

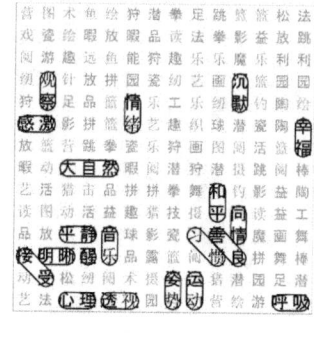

63 - Estate

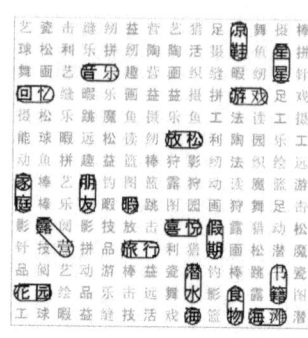

64 - Escursionismo

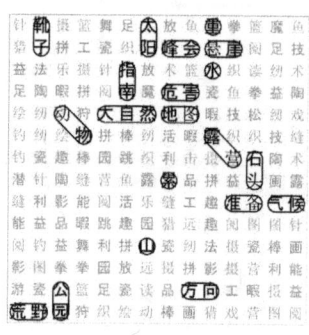

65 - Professioni #1

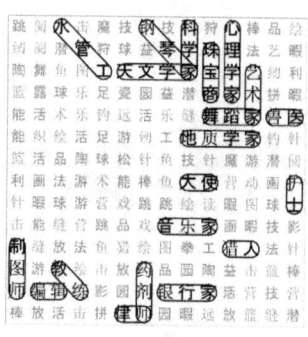

66 - Antartide

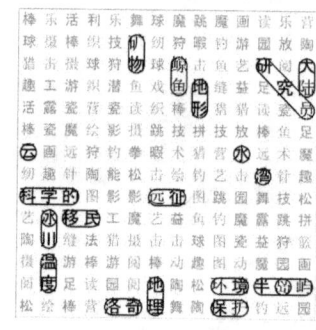

67 - Libri

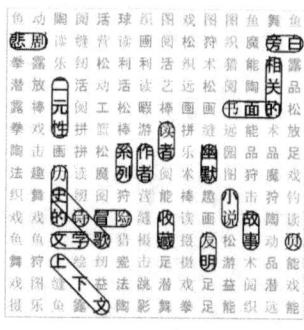

68 - Geografia

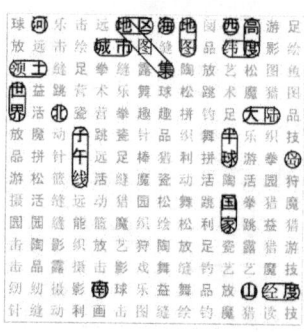

69 - Cibo #1

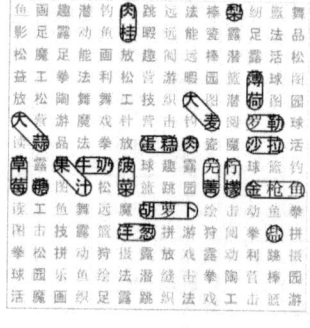

70 - Aeroplani

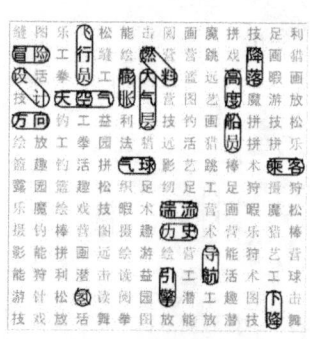

71 - Pirati

72 - Colori

73 - Spiaggia

74 - Avventura

75 - Forme

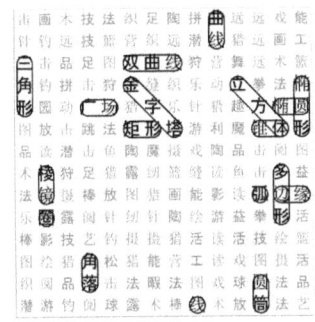

76 - Oceano

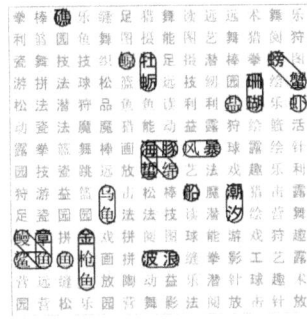

77 - Famiglia

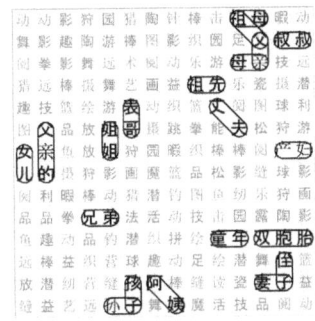

78 - Veicoli

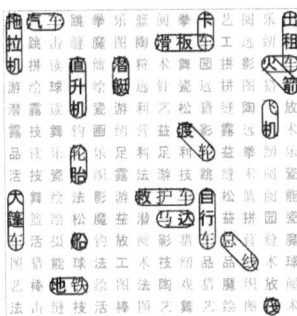

79 - Emozioni

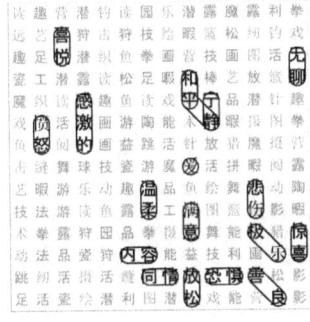

80 - Natura

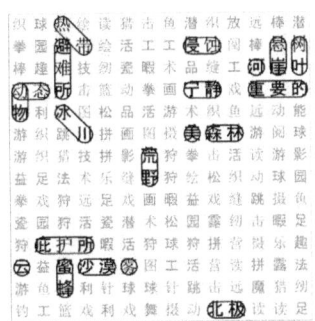

81 - Balletto

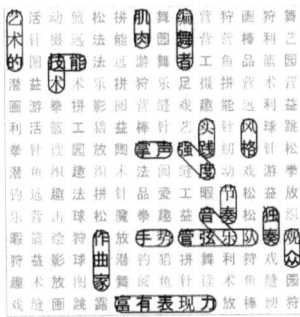

82 - Castelli

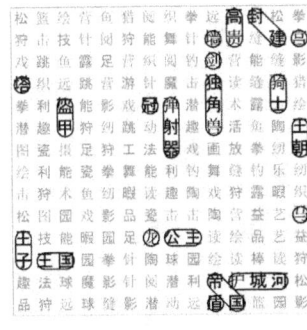

83 - Foresta Pluviale

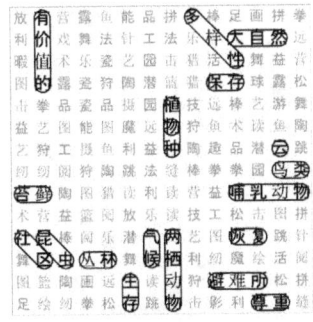

84 - Edifici

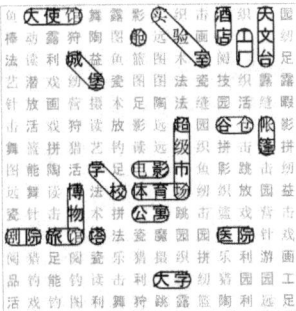

85 - Paesi #2

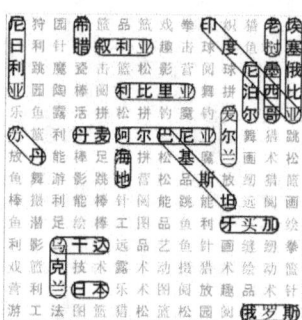

86 - Tipi di Capelli

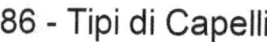
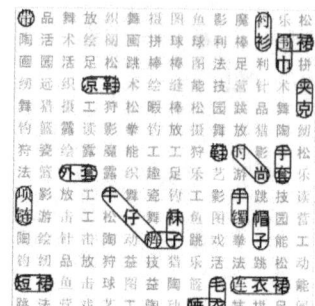

87 - Vestiti

88 - Attività e Tempo Libero

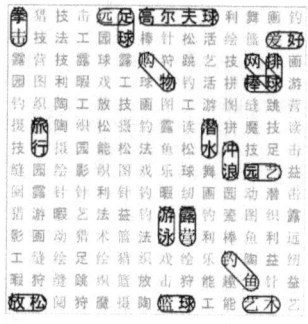

89 - Tecnologia

90 - Arte

91 - Meteo

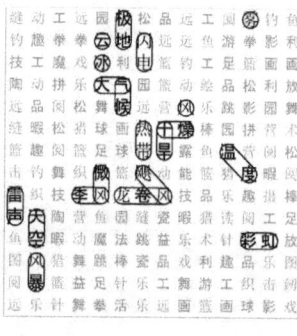

92 - Corpo Umano

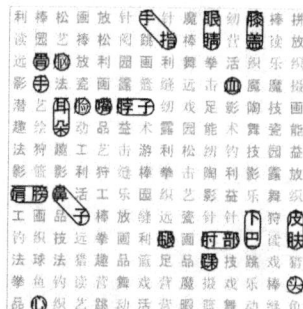

93 - Mammiferi

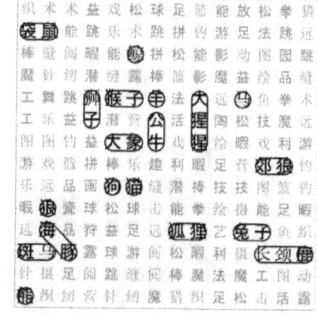

94 - Arrampicata

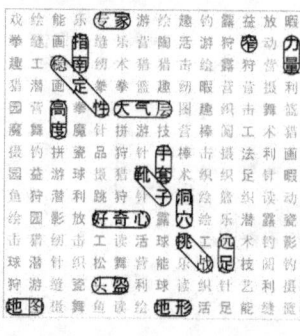

95 - Animali Domestici

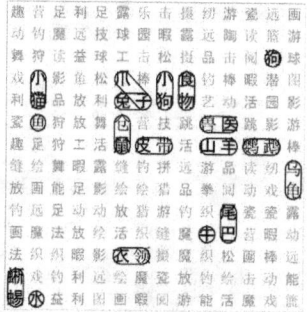

96 - Cucina

97 - Vacanze #2

98 - Attività

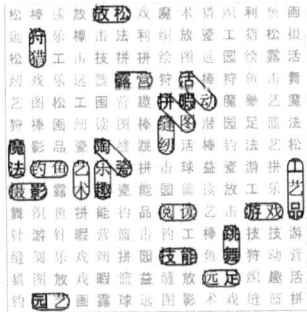

99 - Forniture Artistiche

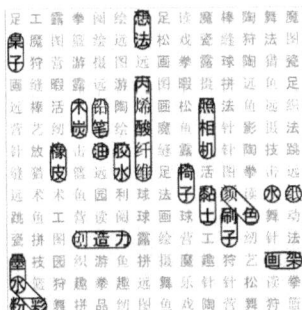

100 - Misurazioni

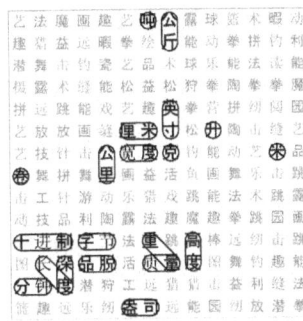

Dizionario

Acqua
水

Alluvione	洪水
Canale	运河
Doccia	淋浴
Evaporazione	蒸发
Fiume	河
Gelo	霜
Geyser	间歇泉
Ghiaccio	冰
Irrigazione	灌溉
Lago	湖
Monsone	季风
Neve	雪
Oceano	海洋
Onde	波浪
Pioggia	雨
Umidità	湿度
Umido	潮湿
Uragano	飓风
Vapore	蒸汽

Aeroplani
飞机

Altezza	高度
Aria	空气
Atmosfera	大气层
Atterraggio	降落
Avventura	冒险
Carburante	燃料
Cielo	天空
Design	设计
Direzione	方向
Discesa	下降
Equipaggio	船员
Gonfiare	膨胀
Idrogeno	氢
Motore	引擎
Navigare	导航
Palloncino	气球
Passeggero	乘客
Pilota	飞行员
Storia	历史
Turbolenza	湍流

Aggettivi #1
形容词 #1

Ambizioso	有雄心
Aromatico	芳香
Artistico	艺术的
Assoluto	绝对
Enorme	巨大的
Esotico	异国情调
Generoso	慷慨
Giovane	年轻
Grande	大
Identico	相同
Importante	重要的
Lento	慢
Lungo	长
Moderno	现代
Onesto	诚实
Perfetto	完美
Pesante	重
Prezioso	有价值的
Profondo	深
Sottile	薄

Aggettivi #2
形容词 #2

Affamato	饿
Asciutto	干
Autentico	正宗
Creativo	创意
Descrittivo	描述性的
Dolce	甜蜜的
Drammatico	戏剧性
Elegante	优雅
Famoso	著名的
Forte	强
Interessante	有趣
Naturale	自然
Normale	正常
Nuovo	新的
Orgoglioso	骄傲
Produttivo	生产力
Puro	纯
Responsabile	负责
Salato	咸
Sano	健康

Animali Domestici
宠物

Acqua	水
Cane	狗
Capra	山羊
Cibo	食物
Coda	尾巴
Collare	衣领
Coniglio	兔子
Criceto	仓鼠
Cucciolo	小狗
Gattino	小猫
Gatto	猫
Guinzaglio	皮带
Lucertola	蜥蜴
Mucca	牛
Pappagallo	鹦鹉
Pesce	鱼
Tartaruga	乌龟
Topo	鼠
Veterinario	兽医
Zampe	爪子

Antartide
南极洲

Acqua	水
Ambiente	环境
Baia	湾
Balene	鲸鱼
Conservazione	保护
Continente	大陆
Geografia	地理
Ghiacciai	冰川
Ghiaccio	冰
Isole	岛屿
Migrazione	移民
Minerali	矿物
Nuvole	云
Penisola	半岛
Ricercatore	研究员
Roccioso	洛奇
Scientifico	科学的
Spedizione	远征
Temperatura	温度
Topografia	地形

Api
蜜蜂

Ali	翅膀
Alveare	蜂巢
Benefico	有益的
Cera	蜡
Cibo	食物
Diversità	多样性
Ecosistema	生态系统
Fiori	花
Fiorire	开花
Frutta	水果
Fumo	烟
Giardino	花园
Habitat	生境
Insetto	昆虫
Miele	蜂蜜
Piante	植物
Polline	花粉
Regina	女王
Sciame	群
Sole	太阳

Arrampicata
攀

Altitudine	高度
Atmosfera	大气层
Casco	头盔
Curiosità	奿奇心
Escursioni	远足
Esperto	专家
Forza	力量
Grotta	洞穴
Guanti	手套
Guide	指南
Mappa	地图
Sfide	挑战
Stabilità	稳定性
Stivali	靴子
Stretto	窄
Terreno	地形

Arte
藝術

Ceramica	陶瓷
Complesso	复杂
Composizione	组成
Espressione	表达
Figura	数字
Ispirato	启发
Onesto	诚实
Originale	原版
Personale	个人的
Poesia	诗歌
Scultura	雕塑
Semplice	简单
Simbolo	象征
Soggetto	主题
Surrealismo	超现实主义
Umore	心情
Visivo	视觉的

Arti Visive
视觉艺术

Architettura	建筑
Argilla	粘土
Artista	艺术家
Capolavoro	杰作
Carbone	木炭
Cavalletto	画架
Cera	蜡
Ceramica	陶器
Creatività	创造力
Film	电影
Fotografia	照片
Gesso	粉笔
Matita	铅笔
Penna	笔
Pittura	绘画
Prospettiva	看法
Ritratto	肖像
Scultura	雕塑
Stampino	模具

Astronomia
天文学

Asteroide	小行星
Astronauta	宇航员
Astronomo	天文学家
Cielo	天空
Costellazione	星座
Equinozio	春分
Galassia	星系
Gravità	重力
Luna	月亮
Meteora	流星
Nebulosa	星云
Osservatorio	天文台
Pianeta	行星
Radiazione	辐射
Razzo	火箭
Supernova	超新星
Telescopio	望远镜
Terra	地球
Universo	宇宙
Zodiaco	黄道带

Attività
活动

Abilità	技能
Arte	艺术
Artigianato	工艺品
Attività	活动
Caccia	狩猎
Campeggio	露营
Ceramica	陶瓷
Cucire	缝纫
Danza	跳舞
Escursioni	远足
Fotografia	摄影
Giardinaggio	园艺
Giochi	游戏
Lettura	阅读
Magia	魔法
Pesca	钓鱼
Piacere	乐趣
Puzzle	拼图
Rilassamento	放松
Tempo Libero	暇

Attività e Tempo Libero
活动和休闲

Arte	艺术
Baseball	棒球
Basket	篮球
Boxe	拳击
Calcio	足球
Campeggio	露营
Escursioni	远足
Giardinaggio	园艺
Golf	高尔夫球
Hobby	爱好
Immersione	潜水
Nuoto	游泳
Pallavolo	排球
Pesca	钓鱼
Rilassante	放松
Shopping	购物
Surf	冲浪
Tennis	网球
Viaggio	旅行

Avventura
冒险

Amici	朋友
Attività	活动
Bellezza	美
Caso	机会
Coraggio	勇敢
Destinazione	目的地
Difficoltà	困难
Entusiasmo	热情
Escursione	远足
Gioia	喜悦
Insolito	异常
Itinerario	行程
Natura	大自然
Navigazione	导航
Nuovo	新的
Pericoloso	危险
Preparazione	准备
Sfide	挑战
Sicurezza	安全
Viaggi	旅行

Bagno
浴室

Acqua	水
Asciugamano	毛巾
Bagno	浴
Bolle	泡沫
Doccia	淋浴
Forbici	剪刀
Gabinetto	厕所
Lozione	洗剂
Profumo	香水
Rubinetto	龙头
Sapone	肥皂
Shampoo	洗发水
Specchio	镜子
Spugna	海绵
Tappeto	地毯
Vapore	蒸汽

Balletto
芭蕾

Abilità	技能
Applauso	掌声
Artistico	艺术的
Assolo	独奏
Ballerini	舞者
Compositore	作曲家
Coreografia	编舞
Espressivo	富有表现力
Gesto	手势
Intensità	强度
Muscoli	肌肉
Musica	音乐
Orchestra	管弦乐队
Pratica	实践
Pubblico	观众
Ritmo	节奏
Stile	风格
Tecnica	技术

Barbecue
烧烤

Caldo	热
Cena	晚餐
Cibo	食物
Cipolle	洋葱
Coltelli	刀
Estate	夏天
Fame	饥饿
Famiglia	家庭
Frutta	水果
Giochi	游戏
Griglia	烧烤
Insalate	沙拉
Musica	音乐
Pepe	胡椒
Pollo	鸡
Pomodori	番茄
Pranzo	午餐
Sale	盐
Salsa	酱
Verdure	蔬菜

Campeggio
露营

Alberi	树木
Amaca	吊床
Animali	动物
Avventura	冒险
Bussola	罗盘
Cabina	舱
Caccia	狩猎
Canoa	独木舟
Cappello	帽子
Corda	绳子
Divertimento	乐趣
Foresta	森林
Fuoco	火
Insetto	昆虫
Lago	湖
Luna	月亮
Mappa	地图
Montagna	山
Natura	大自然
Tenda	帐篷

Casa
房子

Attico	阁楼
Biblioteca	图书馆
Camera	房间
Camino	壁炉
Cucina	厨房
Doccia	淋浴
Finestra	窗户
Garage	车库
Giardino	花园
Lampada	灯
Parete	墙
Pavimento	地板
Porta	门
Recinto	栅栏
Rubinetto	龙头
Scopa	扫帚
Soffitto	天花板
Specchio	镜子
Tappeto	地毯
Tetto	屋顶

Castelli
城堡

Armatura	盔甲
Catapulta	弹射器
Cavaliere	骑士
Cavallo	马
Corona	冠
Dinastia	王朝
Drago	龙
Feudale	封建
Fossato	护城河
Impero	帝国
Nobile	高贵
Palazzo	宫
Parete	墙
Principe	王子
Principessa	公主
Regno	王国
Scudo	盾
Spada	剑
Torre	塔
Unicorno	独角兽

Cibo #1
食物 #1

Aglio	大蒜
Basilico	罗勒
Cannella	肉桂
Carne	肉
Carota	胡萝卜
Cipolla	洋葱
Fragola	草莓
Insalata	沙拉
Latte	牛奶
Limone	柠檬
Menta	薄荷
Orzo	大麦
Pera	梨
Rapa	芜菁
Sale	盐
Spinaci	菠菜
Succo	果汁
Tonno	金枪鱼
Torta	蛋糕
Zucchero	糖

Cibo #2
食物 #2

Banana	香蕉
Broccolo	西兰花
Ciliegia	樱桃
Cioccolato	巧克力
Formaggio	奶酪
Fungo	蘑菇
Grano	小麦
Kiwi	猕猴桃
Mela	苹果
Melanzana	茄子
Pane	面包
Pesce	鱼
Pollo	鸡
Pomodoro	番茄
Prosciutto	火腿
Riso	米
Sedano	芹菜
Uovo	蛋
Uva	葡萄
Yogurt	酸奶

Cioccolato
巧克力

Amaro	苦
Antiossidante	抗氧化剂
Arachidi	花生
Aroma	香气
Brama	渴望
Cacao	可可
Calorie	卡路里
Caramella	糖果
Caramello	焦糖
Delizioso	美味
Dolce	甜蜜的
Esotico	异国情调
Gusto	味道
Ingrediente	成分
Noce di Cocco	椰子
Preferito	最喜欢的
Qualità	质量
Ricetta	食谱
Zucchero	糖

Circo
马戏团

Acrobata	杂技演员
Animali	动物
Biglietto	票
Caramella	糖果
Clown	小丑
Costume	服装
Elefante	大象
Giocoliere	杂耍
Leone	狮子
Magia	魔法
Mago	魔术师
Musica	音乐
Palloncini	气球
Parata	游行
Scimmia	猴子
Spettacolare	壮观
Spettatore	观众
Tenda	帐篷
Tigre	老虎
Trucco	诡计

Città
小镇

Aeroporto	机场
Banca	银行
Biblioteca	图书馆
Cinema	电影
Clinica	诊所
Farmacia	药店
Fiorista	花店
Galleria	画廊
Hotel	酒店
Libreria	书店
Mercato	市场
Museo	博物馆
Negozio	商店
Panetteria	面包店
Scuola	学校
Stadio	体育场
Supermercato	超级市场
Teatro	剧院
Università	大学
Zoo	动物园

Colori
颜色

Arancia	橙色
Azzurro	天蓝色
Beige	米色
Bianco	白色
Blu	蓝色
Ciano	青色
Fucsia	紫红色
Giallo	黄色
Grigio	灰色
Magenta	品红
Marrone	棕色
Nero	黑色
Rosa	粉红色
Rosso	红色
Seppia	棕褐色
Verde	绿色
Viola	紫色

Commedia
喜剧

Applauso	掌声
Attore	演员
Attrice	女演员
Clown	小丑
Divertente	有趣
Divertimento	乐趣
Espressivo	富有表现力
Genere	类型
Improvvisazione	即兴创作
Intelligente	聪明
Parodia	模仿
Pubblico	观众
Risata	笑声
Scherzi	笑话
Teatro	剧院
Televisione	电视
Umorismo	幽默

Compleanno
生日

Amici	朋友
Anno	年
Calendario	日历
Candele	蜡烛
Canzone	歌曲
Carte	牌
Celebrazione	庆祝
Divertimento	乐趣
Felice	快乐
Giorno	日
Giovane	年轻
Inviti	邀请函
Nato	出生
Regalo	礼物
Ricordi	回忆
Saggezza	智慧
Speciale	特别
Tempo	时间
Torta	蛋糕

Conservazione
保护

Acqua	水
Ambientale	环境的
Cambiamenti	变化
Ciclo	周期
Clima	气候
Ecosistema	生态系统
Educazione	教育
Habitat	生境
Inquinamento	污染
Naturale	自然
Organico	有机
Pesticida	农药
Riciclare	回收
Ridurre	减少
Salute	健康
Verde	绿色
Volontario	志愿者

Corpo Umano
人体

Bocca	嘴
Caviglia	踝
Cervello	脑
Collo	脖子
Cuore	心
Dito	手指
Faccia	脸
Gamba	腿
Ginocchio	膝盖
Gomito	肘部
Mano	手
Mento	下巴
Naso	鼻子
Occhio	眼睛
Orecchio	耳朵
Pelle	皮肤
Sangue	血
Spalla	肩膀
Stomaco	胃
Testa	头

Cucina
厨房

Bacchette	筷子
Bollitore	水壶
Brocca	壶
Cibo	食物
Ciotola	碗
Coltelli	刀
Cucchiai	勺子
Forchette	叉
Forno	烤箱
Frigorifero	冰箱
Grembiule	围裙
Griglia	烧烤
Ricetta	食谱
Spezie	香料
Spugna	海绵
Tazze	杯子
Tovagliolo	餐巾
Vaso	罐

Danza
跳舞

Accademia	学院
Arte	艺术
Classico	古典
Compagno	伙伴
Coreografia	编舞
Corpo	身体
Cultura	文化
Emozione	情感
Espressivo	富有表现力
Gioioso	快乐
Grazia	优雅
Movimento	运动
Musica	音乐
Postura	姿势
Ritmo	节奏
Salto	跳
Tradizionale	传统的
Visivo	视觉的

Dinosauri
恐龙

Ali	翅膀
Carnivoro	食肉动物
Coda	尾巴
Enorme	巨大
Erbivoro	食草动物
Evoluzione	进化
Fossili	化石
Grande	大
Mammut	猛犸象
Onnivoro	杂食动物
Potente	强大
Preda	猎物
Preistorico	史前
Rapace	猛禽
Rettile	爬行动物
Scomparsa	消失
Specie	物种
Taglia	尺寸
Terra	地球
Vizioso	恶毒

Discipline Scientifiche
科学学科

Anatomia	解剖学
Archeologia	考古学
Astronomia	天文学
Biochimica	生物化学
Biologia	生物学
Botanica	植物学
Chimica	化学
Ecologia	生态学
Fisiologia	生理学
Geologia	地质学
Immunologia	免疫学
Linguistica	语言学
Meccanica	力学
Meteorologia	气象学
Mineralogia	矿物学
Neurologia	神经学
Psicologia	心理学
Sociologia	社会学
Termodinamica	热力学
Zoologia	动物学

Ecologia
生态学

Clima	气候
Comunità	社区
Diversità	多样性
Fauna	动物群
Habitat	生境
Marino	海洋
Natura	大自然
Naturale	自然
Palude	沼泽
Piante	植物
Risorse	资源
Siccità	干旱
Sopravvivenza	生存
Specie	物种
Vegetazione	植被
Volontari	志愿者

Edifici
建筑物

Ambasciata	大使馆
Appartamento	公寓
Cabina	舱
Castello	城堡
Cinema	电影
Fabbrica	工厂
Fienile	谷仓
Hotel	酒店
Laboratorio	实验室
Museo	博物馆
Ospedale	医院
Osservatorio	天文台
Ostello	旅馆
Scuola	学校
Stadio	体育场
Supermercato	超级市场
Teatro	剧院
Tenda	帐篷
Torre	塔
Università	大学

Emozioni
情绪

Amore	爱
Beatitudine	极乐
Calma	平静
Contenuto	内容
Gentilezza	善良
Gioia	喜悦
Grato	感激的
Noia	无聊
Pace	和平
Paura	恐惧
Rabbia	愤怒
Rilassato	放松
Simpatia	同情
Soddisfatto	满意
Sorpresa	惊喜
Tenerezza	温柔
Tranquillità	宁静
Tristezza	悲伤

Erboristeria
草药学

Aglio	大蒜
Aneto	莳萝
Aromatico	芳香
Basilico	罗勒
Culinario	烹饪
Dragoncello	龙蒿
Finocchio	茴香
Fiore	花
Giardino	花园
Ingrediente	成分
Lavanda	薰衣草
Maggiorana	马郁兰
Menta	薄荷
Origano	牛至
Prezzemolo	香菜
Qualità	质量
Rosmarino	迷迭香
Timo	百里香
Verde	绿色
Zafferano	藏红花

Escursionismo
徒步

Acqua	水
Animali	动物
Campeggio	露营
Clima	气候
Guide	指南
Mappa	地图
Montagna	山
Natura	大自然
Orientamento	方向
Parchi	公园
Pericoli	危害
Pesante	重
Pietre	石头
Preparazione	准备
Scogliera	悬崖
Selvaggio	荒野
Sole	太阳
Stanco	累
Stivali	靴子
Vertice	峰会

Esplorazione
探索

Animali	动物
Attività	活动
Coraggio	勇气
Culture	文化
Determinazione	决心
Esaurimento	精疲力竭
Lingua	语言
Nuovo	新的
Pericoli	危害
Pericoloso	危险的
Ricerca	寻求
Sconosciuto	未知
Scoperta	发现
Selvaggio	荒野
Spazio	空间
Terreno	地形
Viaggio	旅行

Estate
夏天

Amici	朋友
Campeggio	露营
Casa	家
Cibo	食物
Famiglia	家庭
Giardino	花园
Giochi	游戏
Gioia	喜悦
Immersione	潜水
Libri	书籍
Mare	海
Musica	音乐
Ricordi	回忆
Rilassamento	放松
Sandali	凉鞋
Spiaggia	海滩
Stelle	星星
Tempo Libero	暇
Vacanza	假期
Viaggio	旅行

Famiglia
家庭

Antenato	祖先
Bambino	孩子
Cugino	表哥
Figlia	女儿
Fratello	兄弟
Gemelli	双胞胎
Infanzia	童年
Madre	母亲
Marito	丈夫
Materno	产妇
Moglie	妻子
Nipote	侄子
Nipote	孙子
Nonna	祖母
Nonno	祖父
Padre	父亲
Paterno	父亲的
Sorella	姐姐
Zia	阿姨
Zio	叔叔

Fantascienza
科幻小说

Atomico	原子
Cinema	电影
Cloni	克隆
Distopia	反乌托邦
Esplosione	爆炸
Estremo	极端
Fuoco	火
Futuristico	未来派
Galassia	星系
Illusione	错觉
Immaginario	虚构的
Libri	书籍
Misterioso	神秘
Mondo	世界
Oracolo	甲骨文
Pianeta	行星
Robot	机器人
Scenario	场景
Tecnologia	技术
Utopia	乌托邦

Fattoria #1
农场 #1

Acqua	水
Agricoltura	农业
Ape	蜜蜂
Asino	驴
Campo	领域
Cane	狗
Capra	山羊
Cavallo	马
Fertilizzante	肥料
Fieno	干草
Gatto	猫
Gregge	羊群
Maiale	猪
Miele	蜂蜜
Mucca	牛
Pollo	鸡
Recinto	栅栏
Riso	米
Semi	种子
Vitello	小腿

Fattoria #2
农场 #2

Agnello	羊肉
Agricoltore	农民
Anatra	鸭
Animali	动物
Cibo	食物
Fienile	谷仓
Frutta	水果
Frutteto	果园
Grano	小麦
Irrigazione	灌溉
Lama	美洲驼
Latte	牛奶
Mais	玉米
Oche	鹅
Orzo	大麦
Pastore	牧羊人
Pecora	羊
Prato	草甸
Trattore	拖拉机
Verdura	蔬菜

Fiori
鲜花

Calendula	金盏花
Dente di Leone	蒲公英
Gardenia	栀子花
Gelsomino	茉莉花
Giglio	百合
Girasole	向日葵
Ibisco	芙蓉
Lavanda	薰衣草
Magnolia	玉兰
Margherita	雏菊
Mazzo	花束
Narciso	水仙花
Orchidea	兰花
Papavero	罂粟
Passiflora	西番莲
Peonia	牡丹
Petalo	花瓣
Rosa	玫瑰
Trifoglio	三叶草
Tulipano	郁金香

Foresta Pluviale
雨林

Anfibi	两栖动物
Botanico	植物
Clima	气候
Comunità	社区
Diversità	多样性
Giungla	丛林
Insetti	昆虫
Mammiferi	哺乳动物
Muschio	苔藓
Natura	大自然
Nuvole	云
Preservazione	保存
Prezioso	有价值的
Restauro	恢复
Rifugio	避难所
Rispetto	尊重
Sopravvivenza	生存
Specie	物种
Uccelli	鸟类

Forme
形状

Angolo	角落
Arco	弧
Bordi	边缘
Cerchio	圈
Cilindro	圆筒
Cono	锥体
Cubo	立方体
Curva	曲线
Ellisse	椭圆
Iperbole	双曲线
Lato	边
Linea	线
Ovale	椭圆形
Piramide	金字塔
Poligono	多边形
Prisma	棱镜
Quadrato	广场
Rettangolo	矩形
Triangolo	三角形

Forniture Artistiche
美术用品

Acqua	水
Acquerelli	水彩
Acrilico	丙烯酸纤维
Argilla	黏土
Carbone	木炭
Carta	纸
Cavalletto	画架
Colla	胶水
Colori	颜色
Creatività	创造力
Gomma	橡皮
Idee	想法
Inchiostro	墨水
Matite	铅笔
Olio	油
Pastelli	粉彩
Sedia	椅子
Spazzole	刷子
Tavolo	桌子
Telecamera	照相机

Frutta
水果

Albicocca	杏
Ananas	菠萝
Arancia	橙色
Avocado	鳄梨
Bacca	浆果
Banana	香蕉
Ciliegia	樱桃
Kiwi	猕猴桃
Lampone	覆盆子
Limone	柠檬
Mango	芒果
Mela	苹果
Melone	瓜
Mora	黑莓
Nettarina	油桃
Papaia	木瓜
Pera	梨
Pesca	桃
Prugna	李子
Uva	葡萄

Gatti
猫

Artiglio	爪
Cacciatore	猎人
Coda	尾巴
Curioso	好奇
Divertente	有趣
Dormire	睡觉
Filo	纱
Giocoso	好玩的
Indipendente	独立
Pazzo	疯狂的
Pelliccia	毛皮
Personalità	个性
Selvaggio	荒野
Timido	害羞
Topo	鼠
Zampa	爪子

Geografia
地理

Altitudine	高度
Atlante	地图集
Città	城市
Continente	大陆
Emisfero	半球
Fiume	河
Isola	岛
Latitudine	纬度
Longitudine	经度
Mappa	地图
Mare	海
Meridiano	子午线
Mondo	世界
Montagna	山
Nord	北
Ovest	西
Paese	国家
Regione	地区
Sud	南
Territorio	领土

Geologia
地质学

Acido	酸
Altopiano	高原
Calcio	钙
Caverna	洞穴
Continente	大陆
Corallo	珊瑚
Cristalli	水晶
Erosione	侵蚀
Fossile	化石
Geyser	间歇泉
Lava	熔岩
Minerali	矿物
Pietra	石头
Quarzo	石英
Sale	盐
Stalagmiti	石笋
Stalattite	钟乳石
Strato	层
Terremoto	地震
Vulcano	火山

Giardino
花园

Albero	树
Amaca	吊床
Cespuglio	灌木
Erba	草
Erbacce	杂草
Fiore	花
Frutteto	果园
Garage	车库
Giardino	花园
Pala	铲
Portico	门廊
Prato	草坪
Rastrello	耙
Recinto	栅栏
Rocce	岩石
Stagno	池塘
Suolo	土壤
Terrazza	平台
Trampolino	蹦床
Tubo	软管

Ginnastica
体操

Agilità	敏捷
Allenatore	教练
Cerchio	箍
Combinazioni	组合
Forza	力量
Gesso	粉笔
Ginnasti	体操运动员
Giudice	法官
Individuale	个人
Mani	手
Musica	音乐
Palestra	体育馆
Punteggi	分数
Routine	常规
Salto	跳
Squadra	团队

Giocattoli
玩具

Aereo	飞机
Aquilone	风筝
Argilla	黏土
Artigianato	工艺品
Auto	汽车
Bambola	娃娃
Barca	船
Batteria	鼓
Bicicletta	自行车
Camion	卡车
Giochi	游戏
Immaginazione	想象力
Libri	书籍
Palla	球
Preferito	最喜欢的
Robot	机器人
Scacchi	棋
Treno	火车
Vernici	油漆

Giorni e Mesi
天和月

Agosto	八月
Anno	年
Aprile	四月
Calendario	口历
Dicembre	十二月
Domenica	星期日
Febbraio	二月
Gennaio	一月
Giugno	六月
Luglio	七月
Lunedì	星期一
Martedì	星期二
Mercoledì	星期三
Mese	月
Novembre	十一月
Ottobre	十月
Sabato	星期六
Settembre	九月
Settimana	周
Venerdì	星期五

Guida
驾驶

Auto	汽车
Autobus	总线
Carburante	燃料
Freni	刹车
Garage	车库
Gas	气体
Incidente	事故
Licenza	执照
Mappa	地图
Moto	摩托车
Motore	马达
Pedonale	行人
Pericolo	危险
Polizia	警察
Sicurezza	安全
Strada	路
Traffico	交通
Trasporto	运输
Tunnel	隧道
Velocità	速度

Imbarcazioni
船

Albero	桅杆
Ancora	锚
Barca a Vela	帆船
Boa	浮标
Canoa	独木舟
Corda	绳子
Equipaggio	船员
Fiume	河
Kayak	皮艇
Lago	湖
Mare	海
Marea	潮
Marinaio	水手
Motore	引擎
Nautico	海上的
Oceano	海洋
Onde	波浪
Traghetto	渡轮
Yacht	游艇
Zattera	筏

Insetti
昆虫

Afide	蚜
Ape	蜜蜂
Calabrone	大黄蜂
Cavalletta	蚱蜢
Cicala	蝉
Coccinella	瓢虫
Coleottero	甲虫
Falena	蛾
Farfalla	蝴蝶
Formica	蚂蚁
Larva	幼虫
Libellula	蜻蜓
Mantide	螳螂
Pulce	跳蚤
Scarafaggio	蟑螂
Termite	白蚁
Verme	蠕虫
Vespa	黄蜂
Zanzara	蚊子

Letteratura
文学

Analisi	分析
Analogia	类比
Aneddoto	轶事
Autore	作者
Biografia	传记
Conclusione	结论
Confronto	比较
Descrizione	描述
Dialogo	对话
Genere	类型
Metafora	隐喻
Opinione	意见
Poesia	诗
Poetico	诗意
Rima	韵
Ritmo	节奏
Romanzo	小说
Stile	风格
Tema	主题
Tragedia	悲剧

Libri
书籍

Autore	作者
Avventura	冒险
Collezione	收藏
Contesto	上下文
Dualità	二元性
Epico	史诗
Inventivo	发明
Letterario	文学
Lettore	读者
Narratore	旁白
Pagina	页
Poesia	诗歌
Rilevante	相关的
Romanzo	小说
Scritto	书面的
Serie	系列
Storia	故事
Storico	历史的
Tragico	悲剧
Umoristico	幽默

Mammiferi
哺乳动物

Balena	鲸
Cane	狗
Canguro	袋鼠
Cavallo	马
Cervo	鹿
Coniglio	兔子
Coyote	郊狼
Delfino	海豚
Elefante	大象
Gatto	猫
Giraffa	长颈鹿
Gorilla	大猩猩
Leone	狮子
Lupo	狼
Orso	熊
Pecora	羊
Scimmia	猴子
Toro	公牛
Volpe	狐狸
Zebra	斑马

Matematica
数学

Angoli	角度
Aritmetica	算术
Decimale	十进制
Diametro	直径
Equazione	方程
Esponente	指数
Frazione	分数
Geometria	几何学
Parallelo	平行
Parallelogramma	平行四边形
Perimetro	周长
Perpendicolare	垂直
Poligono	多边形
Quadrato	广场
Raggio	半径
Rettangolo	矩形
Simmetria	对称
Somma	和
Triangolo	三角形
Volume	卷

Meditazione
冥想

Abitudini	习惯
Accettazione	接受
Calma	平静
Chiarezza	明晰
Compassione	同情
Emozioni	情绪
Felicità	幸福
Gentilezza	善良
Gratitudine	感激
Mentale	心理
Movimento	运动
Musica	音乐
Natura	大自然
Osservazione	观察
Pace	和平
Postura	姿势
Prospettiva	透视
Respirazione	呼吸
Silenzio	沉默
Sveglio	醒

Meteo
天气

Arcobaleno	彩虹
Asciutto	干燥
Atmosfera	大气
Brezza	微风
Cielo	天空
Clima	气候
Fulmine	闪电
Ghiaccio	冰
Monsone	季风
Nebbia	雾
Nube	云
Polare	极地
Siccità	干旱
Temperatura	温度
Tempesta	风暴
Tornado	龙卷风
Tropicale	热带
Tuono	雷声
Uragano	飓风
Vento	风

Misurazioni
测量

Altezza	高度
Byte	字节
Centimetro	厘米
Chilogrammo	公斤
Chilometro	公里
Decimale	十进制
Grammo	克
Larghezza	宽度
Litro	升
Lunghezza	长度
Massa	质量
Metro	米
Minuto	分钟
Oncia	盎司
Peso	重量
Pinta	品脱
Pollice	英寸
Profondità	深度
Tonnellata	吨
Volume	卷

Mitologia
神话

Archetipo	原型
Comportamento	行为
Creatura	生物
Creazione	创造
Credenze	信仰
Cultura	文化
Disastro	灾难
Eroe	英雄
Forza	力量
Fulmine	闪电
Gelosia	嫉妒
Guerriero	战士
Immortalità	不朽
Labirinto	迷宫
Leggenda	传说
Magico	神奇
Mortale	凡人
Mostro	怪物
Tuono	雷
Vendetta	复仇

Natura
大自然

Animali	动物
Api	蜜蜂
Artico	北极
Bellezza	美
Deserto	沙漠
Dinamico	动态
Erosione	侵蚀
Fiume	河
Fogliame	树叶
Foresta	森林
Ghiacciaio	冰川
Nebbia	雾
Nuvole	云
Rifugio	庇护所
Santuario	避难所
Scogliere	悬崖
Selvaggio	荒野
Sereno	宁静
Tropicale	热带
Vitale	重要的

Numeri
数字

Cinque	五
Decimale	十进制
Diciannove	十九
Diciassette	十七
Diciotto	十八
Dieci	十
Dodici	十二
Due	二
Nove	九
Otto	八
Quattordici	十四
Quattro	四
Quindici	十五
Sedici	十六
Sei	六
Sette	七
Tre	三
Tredici	十三
Venti	二十
Zero	零

Nutrizione
营养

Amaro	苦
Appetito	食欲
Bilanciato	平衡的
Calorie	卡路里
Carboidrati	碳水化合物
Commestibile	食用
Dieta	饮食
Digestione	消化
Fermentazione	发酵
Gusto	味道
Liquidi	液体
Nutriente	养分
Peso	重量
Proteine	蛋白质
Qualità	质量
Salsa	酱
Salute	健康
Spezie	香料
Tossina	毒素
Vitamina	维生素

Oceano
海洋

Anguilla	鳗鱼
Balena	鲸
Barca	船
Corallo	珊瑚
Delfino	海豚
Gamberetto	虾
Granchio	螃蟹
Maree	潮汐
Medusa	海蜇
Onde	波浪
Ostrica	牡蛎
Pesce	鱼
Polpo	章鱼
Sale	盐
Scogliera	礁
Spugna	海绵
Squalo	鲨鱼
Tartaruga	乌龟
Tempesta	风暴
Tonno	金枪鱼

Paesaggi
景观

Cascata	瀑布
Deserto	沙漠
Dune	沙丘
Fiume	河
Geyser	间歇泉
Ghiacciaio	冰川
Grotta	洞穴
Iceberg	冰山
Isola	岛
Lago	湖
Mare	海
Montagna	山
Oasi	绿洲
Oceano	海洋
Palude	沼泽
Penisola	半岛
Spiaggia	海滩
Tundra	苔原
Valle	山谷
Vulcano	火山

Paesi #2
国家 #2

Albania	阿尔巴尼亚
Danimarca	丹麦
Etiopia	埃塞俄比亚
Giamaica	牙买加
Giappone	日本
Grecia	希腊
Haiti	海地
Indonesia	印度尼西亚
Irlanda	爱尔兰
Laos	老挝
Liberia	利比里亚
Messico	墨西哥
Nepal	尼泊尔
Nigeria	尼日利亚
Pakistan	巴基斯坦
Russia	俄罗斯
Siria	叙利亚
Sudan	苏丹
Ucraina	乌克兰
Uganda	乌干达

Pesca
钓鱼

Acqua	水
Attrezzatura	设备
Barca	船
Branchie	鳃
Cesto	篮子
Esagerazione	夸张
Esca	诱饵
Fiume	河
Gancio	钩
Lago	湖
Mascella	颚
Oceano	海洋
Pazienza	耐心
Peso	重量
Pinne	鳍
Spiaggia	海滩
Stagione	季节

Piante
植物

Albero	树
Bacca	浆果
Bambù	竹子
Botanica	植物学
Cactus	仙人掌
Cespuglio	灌木
Edera	常春藤
Erba	草
Fagiolo	豆
Fertilizzante	肥料
Fiore	花
Flora	植物
Foglia	叶
Fogliame	树叶
Foresta	森林
Giardino	花园
Muschio	苔藓
Petalo	花瓣
Radice	根
Vegetazione	植被

Pirati
海盗

Ancora	锚
Avventura	冒险
Bandiera	旗
Bussola	罗盘
Capitano	队长
Cattivo	坏
Cicatrice	疤痕
Equipaggio	船员
Grotta	洞穴
Isola	岛
Leggenda	传说
Mappa	地图
Monete	硬币
Oro	黄金
Pappagallo	鹦鹉
Pericolo	危险
Rum	朗姆酒
Spada	剑
Spiaggia	海滩
Tesoro	宝藏

Professioni #1
职业 #1

Allenatore	教练
Ambasciatore	大使
Artista	艺术家
Astronomo	天文学家
Avvocato	律师
Ballerino	舞蹈家
Banchiere	银行家
Cacciatore	猎人
Cartografo	制图师
Editore	编辑
Farmacista	药剂师
Geologo	地质学家
Gioielliere	珠宝商
Idraulico	水管工
Infermiera	护士
Musicista	音乐家
Pianista	钢琴家
Psicologo	心理学家
Scienziato	科学家
Veterinario	兽医

Professioni #2
职业 #2

Astronauta	宇航员
Bibliotecario	图书管理员
Biologo	生物学家
Chirurgo	外科医生
Dentista	牙医
Detective	侦探
Filosofo	哲学家
Fotografo	摄影师
Giardiniere	园丁
Giornalista	记者
Illustratore	插画家
Ingegnere	工程师
Insegnante	老师
Inventore	发明者
Linguista	语言学家
Medico	医生
Pilota	飞行员
Pittore	画家
Ricercatore	研究员
Zoologo	动物学家

Riempire
要填写

Bacino	盆地
Barile	桶
Borsa	包
Bottiglia	瓶子
Busta	信封
Cartella	文件夹
Cartone	纸箱
Cassetto	抽屉
Cesto	篮子
Scatola	盒子
Tasca	口袋
Tubo	管
Valigia	手提箱
Vasca	浴缸
Vaso	花瓶
Vassoio	托盘

Ristorante #1
餐厅 #1

Allergia	过敏
Caffè	咖啡
Cameriera	女服务员
Carne	肉
Cassiere	出纳员
Cibo	食物
Ciotola	碗
Coltello	刀
Cucina	厨房
Dessert	甜点
Menù	菜单
Pane	面包
Piatto	盘子
Piccante	辣
Pollo	鸡
Prenotazione	保留
Salsa	酱
Tovagliolo	餐巾

Ristorante #2
餐厅 #2

Acqua	水
Aperitivo	开胃菜
Bevanda	饮料
Cameriere	服务员
Cena	晚餐
Cucchiaio	勺子
Delizioso	美味
Forchetta	叉子
Frutta	水果
Ghiaccio	冰
Insalata	沙拉
Minestra	汤
Pesce	鱼
Pranzo	午餐
Sale	盐
Sedia	椅子
Spezie	香料
Torta	蛋糕
Uova	蛋
Verdure	蔬菜

Scacchi
象棋

Avversario	对手
Bianco	白色
Campione	冠军
Concorso	比赛
Diagonale	对角线
Giocatore	播放器
Gioco	游戏
Intelligente	聪明
Nero	黑色
Passivo	被动
Punti	点
Re	王
Regina	女王
Regole	规则
Sacrificio	牺牲
Sfide	挑战
Strategia	战略
Tempo	时间

Scienza
科学

Atomo	原子
Chimico	化学的
Clima	气候
Dati	数据
Esperimento	实验
Evoluzione	进化
Fatto	事实
Fisica	物理
Fossile	化石
Gravità	重力
Ipotesi	假设
Laboratorio	实验室
Metodo	方法
Minerali	矿物
Molecole	分子
Natura	大自然
Organismo	生物
Osservazione	观察
Particelle	粒子
Scienziato	科学家

Scuola #1
学校 #1

Alfabeto	字母
Amici	朋友
Aula	课堂
Biblioteca	图书馆
Carta	纸
Cartelle	文件夹
Divertimento	乐趣
Esami	考试
Insegnante	老师
Libri	书籍
Marcatori	标记
Matematica	数学
Matita	铅笔
Numeri	数字
Penne	笔
Pranzo	午餐
Quiz	测验
Risposte	答案
Sedia	椅子

Scuola #2
学校 #2

Apprendimento	学习
Autobus	总线
Biblioteca	图书馆
Calendario	日历
Carta	纸
Computer	电脑
Dizionario	字典
Educazione	教育
Forbici	剪刀
Giochi	游戏
Grammatica	语法
Insegnante	老师
Letteratura	文献
Lettura	阅读
Libri	书籍
Matematica	数学
Matita	铅笔
Scarpe	鞋
Scienza	科学
Zaino	背包

Spezie
香料

Aglio	大蒜
Amaro	苦
Cannella	肉桂
Cardamomo	豆蔻
Cipolla	洋葱
Coriandolo	香菜
Cumino	孜然
Curcuma	姜黄
Curry	咖喱
Dolce	甜蜜的
Finocchio	茴香
Gusto	味道
Liquirizia	甘草
Noce Moscata	肉豆蔻
Paprika	辣椒粉
Pepe	胡椒
Sale	盐
Vaniglia	香草
Zafferano	藏红花
Zenzero	姜

Spiaggia
海滩

Asciugamano	毛巾
Barca	船
Barca a Vela	帆船
Blu	蓝色
Costa	海岸
Dock	码头
Granchio	螃蟹
Isola	岛
Laguna	泻湖
Mare	海
Oceano	海洋
Ombrello	伞
Sabbia	沙
Sandali	凉鞋
Scogliera	礁
Sole	太阳
Vacanza	假期

Sport
体育

Allenatore	教练
Arbitro	裁判
Atleta	运动员
Baseball	棒球
Basket	篮球
Bicicletta	自行车
Campionato	冠军
Ginnastica	体操
Giocatore	播放器
Gioco	游戏
Golf	高尔夫球
Hockey	曲棍球
Movimento	运动
Palestra	体育馆
Squadra	团队
Stadio	体育场
Tennis	网球
Vincitore	优胜者

Strumenti
工具

Ascia	轴
Cavo	电缆
Colla	胶水
Coltello	刀
Corda	绳子
Cucitrice	订书机
Forbici	剪刀
Maglio	槌
Martello	锤子
Pala	铲
Pinze	钳子
Rasoio	剃刀
Righello	统治者
Ruota	车轮
Scala	梯子
Torcia	火炬
Vite	螺丝

Strumenti Musicali
乐器

Armonica	口琴
Arpa	竖琴
Banjo	班卓琴
Chitarra	吉他
Clarinetto	单簧管
Fagotto	巴松管
Flauto	长笛
Gong	锣
Mandolino	曼陀林
Marimba	马林巴
Oboe	双簧管
Percussione	打击乐器
Pianoforte	钢琴
Sassofono	萨克斯管
Tamburello	铃鼓
Tamburo	鼓
Tromba	喇叭
Trombone	长号
Violino	小提琴
Violoncello	大提琴

Surf
冲浪

Atleta	运动员
Campione	冠军
Divertimento	乐趣
Estremo	极端
Folla	人群
Forza	力量
Meteo	天气
Oceano	海洋
Onda	波
Pagaia	桨
Popolare	流行的
Principiante	初学者
Schiuma	泡沫
Scogliera	礁
Spiaggia	海滩
Stile	风格
Stomaco	胃
Velocità	速度

Tecnologia
技术

Blog	博客
Browser	浏览器
Byte	字节
Computer	电脑
Cursore	光标
Dati	数据
Digitale	数字
File	文件
Font	字体
Internet	互联网
Messaggio	信息
Ricerca	研究
Schermo	屏幕
Sicurezza	安全
Software	软件
Statistiche	统计数据
Telecamera	照相机
Virtuale	虚拟
Virus	病毒

Tempo
時間

Anno	年
Annuale	每年
Calendario	日历
Decennio	十年
Dopo	后
Futuro	未来
Giorno	日
Ieri	昨天
Mattina	早晨
Mese	月
Mezzogiorno	中午
Minuto	分钟
Notte	晚上
Oggi	今天
Ora	小时
Orologio	时钟
Presto	很快
Prima	以前
Secolo	世纪
Settimana	周

Tipi di Capelli
头发类型

Argento	银
Asciutto	干
Bianco	白色
Biondo	金发
Breve	短
Calvo	秃
Grigio	灰色
Intrecciato	编织
Liscio	光滑
Lucido	闪亮的
Lungo	长
Marrone	棕色
Morbido	柔软的
Nero	黑色
Riccio	卷曲
Riccioli	卷发
Sano	健康
Sottile	薄
Spessore	厚
Trecce	辫子

Uccelli
鸟类

Airone	苍鹭
Anatra	鸭
Aquila	鹰
Cicogna	鹳
Cigno	天鹅
Cuculo	杜鹃
Fenicottero	火烈鸟
Gabbiano	鸥
Gufo	猫头鹰
Oca	鹅
Pappagallo	鹦鹉
Passero	麻雀
Pavone	孔雀
Pellicano	鹈鹕
Piccione	鸽子
Pinguino	企鹅
Pollo	鸡
Struzzo	鸵鸟
Tucano	巨嘴鸟
Uovo	蛋

Vacanze #2
假期 #2

Aeroporto	机场
Campeggio	露营
Destinazione	目的地
Foto	照片
Hotel	酒店
Isola	岛
Mappa	地图
Mare	海
Passaporto	护照
Ristorante	餐厅
Spiaggia	海滩
Straniero	外国人
Taxi	出租车
Tempo Libero	暇
Tenda	帐篷
Trasporto	运输
Treno	火车
Vacanza	假期
Viaggio	旅程
Visto	签证

Veicoli
车辆

Aereo	飞机
Ambulanza	救护车
Auto	汽车
Autobus	总线
Barca	船
Bicicletta	自行车
Camion	卡车
Caravan	大篷车
Elicottero	直升机
Metropolitana	地铁
Motore	马达
Pneumatici	轮胎
Razzo	火箭
Scooter	滑板车
Sottomarino	潜艇
Taxi	出租车
Traghetto	渡轮
Trattore	拖拉机
Treno	火车
Zattera	筏

Verdure
蔬菜

Aglio	大蒜
Broccolo	西兰花
Carciofo	朝鲜蓟
Carota	胡萝卜
Cetriolo	黄瓜
Cipolla	洋葱
Fungo	蘑菇
Insalata	沙拉
Melanzana	茄子
Patata	土豆
Pisello	豌豆
Pomodoro	番茄
Prezzemolo	香菜
Rapa	芜菁
Ravanello	萝卜
Scalogno	葱
Sedano	芹菜
Spinaci	菠菜
Zenzero	姜
Zucca	南瓜

Vestiti
衣服

Abito	连衣裙
Braccialetto	手镯
Calzini	袜子
Camicia	衬衫
Cappello	帽子
Cappotto	外套
Cintura	带
Collana	项链
Giacca	夹克
Gonna	短裙
Grembiule	围裙
Guanti	手套
Jeans	牛仔裤
Maglione	毛衣
Moda	时尚
Pantaloni	裤子
Pigiama	睡衣
Sandali	凉鞋
Scarpa	鞋
Sciarpa	围巾

Congratulazioni

Ce l'hai fatta!

Speriamo che questo libro vi sia piaciuto tanto quanto a noi è piaciuto concepirlo. Ci sforziamo di creare libri della più alta qualità possibile.
Questa edizione è progettata per fornire un apprendimento intelligente, di qualità e divertente!

Le è piaciuto questo libro?

Una Semplice Richiesta

Questi libri esistono grazie alle recensioni che pubblicate.

Puoi aiutarci lasciando una recensione
ora a questo link ?

BestBooksActivity.com/Recensioni50

SFIDA FINALE!

Sfida n°1

Sei pronto per il tuo gioco gratuito? Li usiamo sempre, ma non sono così facili da trovare - ecco i **Sinonimi!**

Scrivi 5 parole che hai trovato nei puzzle (n° 21, n° 36, n° 76) e prova a trovare 2 sinonimi per ogni parola.

Scrivi 5 parole del **Puzzle 21**

Parole	Sinonimo 1	Sinonimo 2

Scrivi 5 parole del **Puzzle 36**

Parole	Sinonimo 1	Sinonimo 2

Scrivi 5 parole del **Puzzle 76**

Parole	Sinonimo 1	Sinonimo 2

Sfida n°2

Ora che ti sei riscaldato, scrivi 5 parole che hai trovato nei puzzle n° 9, n° 17 e n° 25 e cerca di trovare 2 contrari per ogni parola. Quanti ne puoi trovare in 20 minuti?

Scrivi 5 parole del **Puzzle 9**

Parole	Antonimo 1	Antonimo 2

Scrivi 5 parole del **Puzzle 17**

Parole	Antonimo 1	Antonimo 2

Scrivi 5 parole del **Puzzle 25**

Parole	Antonimo 1	Antonimo 2

Sfida n°3

Grande! Questa sfida non è niente per te!

Pronto per la sfida finale? Scegli 10 parole che hai scoperto nei diversi puzzle e scrivile qui sotto.

1.	6.
2.	7.
3.	8.
4.	9.
5.	10.

Ora scrivi un testo pensando a una persona, un animale o un luogo che ti piace.

Puoi usare l'ultima pagina di questo libro come bozza.

La tua composizione:

TACCUINO:

A PRESTO!

Tutta la Squadra

SCOPRIRE GIOCHI GRATIS

GO

↓

BESTACTIVITYBOOKS.COM/FREEGAMES